C.H.BECK ■ WISSEN

in der Beck'schen Reihe

W0230857

Die Darstellung von über tausend Jahren byzantinischer Geschichte bietet dem Leser einen kompetenten Überblick über
die wichtigsten Entwicklungen der Ereignisgeschichte von den
Anfängen des vierten Jahrhunderts bis 1453 und verweist auf
deren Kontinuitäten und Brüche. Zusammen mit einer aus-
führlichen Zeittafel sowie einem Glossar im Anhang ist der
Band eine äußerst informative Einführung in die Geschichte
„Ostroms".

Ralph-Johannes Lilie war von 1984 bis 1988 Professor für
Byzantinistik an der Freien Universität Berlin und ist seit 1992
Arbeitsstellenleiter am Akademienvorhaben „Prosopographie
der mittelbyzantinischen Zeit" an der Berlin-Brandenburgi-
schen Akademie der Wissenschaften. Er gilt aufgrund zahlreicher Veröffentlichungen als vorzüglicher Kenner der byzantinischen Geschichte.

Ralph-Johannes Lilie

BYZANZ

Geschichte des oströmischen Reiches
326–1453

Verlag C.H. Beck

Mit 2 Karten
von Gertrud Seidensticker, Berlin

Die Deutsche Bibliothek – CIP-Einheitsaufnahme

Lilie, Ralph-Johannes:
Byzanz : Geschichte des oströmischen Reiches 326–1453 /
Ralph-Johannes Lilie. – Orig.-Ausg. – München : Beck, 1999
(C. H. Beck Wissen in der Beck'schen Reihe ; 2085)
ISBN 3 406 41885 6

Originalausgabe
ISBN 3 406 41885 6

Umschlagentwurf von Uwe Göbel, München
© C. H. Beck'sche Verlagsbuchhandlung (Oscar Beck), München 1999
Gesamtherstellung: C. H. Beck'sche Buchdruckerei, Nördlingen
Gedruckt auf säurefreiem, alterungsbeständigem Papier
(hergestellt aus chlorfrei gebleichtem Zellstoff)
Printed in Germany

Inhalt

Einleitung

Unter den Staaten des frühen Mittelalters nahm das byzantinische Reich eine Sonderstellung ein, die es von allen anderen unterschied und es im Wortsinn zu einem „Unikum" werden ließ: Alle anderen Staaten auf dem Boden des ehemaligen Römischen Reiches – genannt seien nur die Reiche der Franken, der Wandalen und der Ost- und Westgoten – waren Neugründungen, die zwar Teile des römischen Erbes übernahmen, aber doch ganz konkret neue Anfänge setzen, die in ihrer Folge zu eigenen Identitäten führten und auch eigene Traditionen begründeten. Anders Byzanz: Byzanz war kein neuer Staat, und die byzantinische Geschichte stellten auch keinen Neuanfang dar, sei er nun auf revolutionäre Weise oder auf dem Weg der Evolution erfolgt. Byzanz war Rom! Seine Kaiser konnten sich in ungebrochener Tradition bis auf Caesar und Augustus zurückführen, ja einige seiner Institutionen und Traditionen reichten noch weiter zurück bis in die Anfänge der römischen Republik. Und so war es auch natürlich, daß die Byzantiner sich selbst als Römer fühlten und auch so bezeichneten: Ihr Reich war die *Basileia ton Rhomaion,* was nichts anderes ist als die griechische Entsprechung des lateinischen *Imperium Romanum*, eben des Römischen Reiches. Dieses Reich, für das wir erst seit der Neuzeit den Namen „Byzanz" benutzen, war auch nicht das Ergebnis einer Teilung des Römischen Reiches, denn dieses Reich ist nie geteilt worden. Es wurde nur im vierten Jahrhundert administrativ in zwei große Teile gegliedert, die ihrerseits wieder unterteilt wurden, weil sein Herrschaftsgebiet zu umfangreich geworden war, als daß man von einem einzigen Zentrum aus die immer zahlreicher werdenden Probleme an den verschiedenen, weit auseinander liegenden Grenzen hätte lösen können. Aber jeder Bewohner dieses Reiches, ob im Osten oder Westen, Norden oder Süden, fühlte sich als Römer, als *Romanus,* oder eben, wie ein Grieche es ausgedrückt hätte, als *Rhomaios.*

Rom war im Bewußtsein des frühen Mittelalters keineswegs untergegangen, sondern hat fortgelebt, wenn auch in einem geographisch reduzierten Rahmen. Das wurde auch von den germanischen Staaten, die auf dem Boden des untergegangenen weströmischen Reichsteils entstanden waren, so gesehen. – Diese Tatsache und ebenso das Wissen um diese Tatsache stellte den Kaiser in Konstantinopel in eine nachgerade einzigartige Tradition und verlieh ihm ein Übergewicht über alle anderen Herrscher des frühen Mittelalters, das von diesen auch mehr oder weniger ausnahmslos anerkannt wurde.

Die Begründung für diese Ausnahmestellung ist relativ einfach: Rom war in jedem, und zwar in jedem nur denkbaren Bereich einzigartig gewesen: in seiner Größe wie in seiner Macht, in seinem Alter wie in seiner Kultur. Außerhalb Roms gab es nichts, was ihm gleichkam. Rom umfaßte, von dem fernen und für den Römer ohnehin unbegreiflichen Orient einmal abgesehen, die ganze bewohnte Welt, die *Oikoumene* im eigentlichen Wortsinn. Rom bildete zugleich den Höhe- und Endpunkt einer ganzen Epoche. In ihm fand sich die gesamte antike Kultur, lebte nicht nur das Lateinische, sondern auch das Griechische, die Verkehrssprache der Gebildeten im Reich.

Ein weiterer Punkt darf gleichfalls nicht unterschätzt werden. Für das Christentum war dieses Reich nachgerade unverzichtbar! Seine Existenz erst schuf die Möglichkeit zur raschen Ausbreitung des christlichen Glaubens. In ihm lebten die Kirchenväter, hatte Konstantin der Große den Siegeszug der Kirche zu seinem eigenen gemacht und das Schicksal des Reiches mit dem neuen Glauben verbunden. Für viele Christen der ausgehenden Antike und des beginnenden Mittelalters war die Vorstellung, daß Rom untergehen könnte, gleichbedeutend mit dem Weltende und der Ankündigung des Jüngsten Gerichts.

Ob diese Glorifizierung Roms tatsächlich berechtigt war, brauchen wir nicht zu untersuchen. Entscheidend ist, daß man es in der Spätantike und im frühen Mittelalter, bewußt oder unbewußt, so empfunden hat. Und dadurch, daß Rom eben der Kulminationspunkt einer ganzen Epoche gewesen war, der in dieser Ausschließlichkeit nie wieder erreicht worden ist, mußte es demjenigen, der dieses Reich verkörperte, ja der es war, wenn auch nur noch in Teilen, einen Nimbus verleihen, dem kein anderer Herrscher etwas Gleichwertiges entgegensetzen konnte.

Und eben dieses Römische Reich verkörperte Byzanz, auch als die Stadt Rom selbst nicht mehr seine Hauptstadt bildete, sondern Konstantinopel – das „neue Rom", das von Konstantin an der Stelle des alten Byzantion gegründet worden war und das Last und Ehre Roms übernahm: die Tochter, die die erschöpfte Mutter ablöste. Und so war auch der byzantinische Kaiser kein Nachfolger oder gar Erbe des römischen Kaisertums, sondern der byzantinische Kaiser war der römische, in einer direkten, ununterbrochenen Sukzession von Caesar und Augustus bis hin zu Konstantin XI. Palaiologos im 15. Jahrhundert. Diese Tatsache blieb für alle, vor allem aber natürlich für die Einwohner des byzantinischen Reiches selbst, durch lange Jahrhunderte hindurch eine Selbstverständlichkeit. Sie bestimmte als quasi unumstößliche Realität das Bewußtsein eines jeden Byzantiners, wann und wo er auch lebte, und verlieh seiner Existenz unter allen Völkern der Welt eine besondere und einzigartige Qualität. Das daraus resultierende Selbstbewußtsein wiederum befähigte ihn, die Rückschläge und Niederlagen, die Byzanz in der wirklichen Welt hinnehmen mußte, zu verdrängen und auf die Angriffe von außen mit einer an Hochmut grenzenden Nichtachtung zu reagieren.

Aber wenn Rom das gefeierte Vorbild war, das jedem Byzantiner im Vergleich zu den „Barbaren" außerhalb die eigene Überlegenheit unwiderlegbar bestätigte, so hatte dies natürlich auch eine Kehrseite. Der Blick auf die glänzende Geschichte Roms – mochte man sie auch ganz als die eigene empfinden – forderte natürlich zwingend den Vergleich mit der Gegenwart heraus: Und so überlegen Byzanz aufgrund seiner Vergangenheit jedem Barbarenstaat war, so unterlegen war es seinerseits dem alten *Imperium Romanum*. Letzten Endes mußte ein solcher Blick in den Spiegel lähmend wirken und zu einem fortwährenden Minderwertigkeitsgefühl führen, und da man dem gefeierten Vorbild praktisch in keinem Bereich gleichwertig war, blieb entweder nur die völlige Abwendung – die aber nicht in Frage kam, wollte man nicht die eigene Stellung gegenüber der Außenwelt preisgeben – oder aber die mehr oder weniger sklavische Nachahmung des alten Vorbilds. Diese *Mimesis,* wie sie genannt wird, wurde zu einem der wesentlichen Charakterzüge der byzantinischen Gesellschaft. Sie galt sowohl für den politischen Bereich, als auch und darüber hinaus für die ganze innere Einstellung des Byzantiners, und zwar immer besonders dann, wenn die Existenz des Reiches von außen bedroht war oder es seine solche Bedrohung gerade überstanden hatte. So erklären sich die verschiedenen „Renaissancen", die die Forschung in der byzantinischen Geschichte wiederholt konstatiert hat, insbesondere die „makedonische" im 9./10. Jahrhundert, die „komnenische" im 12. und die „palaiologische" im 14. Jahrhundert. Sogar noch im 15. Jahrhundert, kurz vor dem endgültigen Fall, versuchte man, die griechische Antike – auch sie war ja im Römischen Reich aufgegangen – wiederzubeleben, um auf diese Weise einer tristen Wirklichkeit zu entfliehen.

So wirkt Byzanz, trotz aller Änderungen im einzelnen, insgesamt statisch; es blieb zeit seiner Existenz auf die Vergangenheit fixiert. Die wenigen Versuche, Erstarrung und Verkrustung zu durchbrechen – etwa der Bilderstreit (Ikonoklasmus) im 8., die angestrebte Westöffnung des Reiches unter Manuel Komnenos im 12. oder die Bemühungen während des 14. Jahrhunderts, das westliche Denkgebäude der Scholastik für Byzanz zu erschließen – brachten nicht den gewünschten Erfolg und führten im Gegenteil eher zu einem härteren Widerstand gegen solche Neuerungen: Byzanz versuchte um so verzweifelter, die Vergangenheit wiederzubeleben, um sich seiner Identität zu versichern, je trostloser die zeitgenössische Realität wurde.

Diese Identifikation mit dem alten Rom hatte jedoch nur bis etwa zum 8. Jahrhundert einen einigermaßen vernünftigen Bezug zur Wirklichkeit, danach wurde sie zunehmend illusionär. Erinnert sei in diesem Zusammenhang nur an den Verlust der Stadt Rom, an die „Gräzisierung" des Reiches, die Unabhängigkeit des Papsttums, die zu einer verstärkten Konkurrenzsituation führte, und schließlich an die Entstehung des westlichen Kaisertums, die den Ausschließlichkeitsanspruch der Byzantiner ad absurdum führte. Dennoch hatte die Identifikation zu diesem Zeitpunkt bereits ein solches Eigenleben entwickelt, daß sie die gleichsam offizielle Ideologie bleiben konnte.

Dieses ideologische Beharrungsvermögen wird durch die Kontinuität der staatlichen Institutionen erleichtert: Byzanz hat nie eine echte Revolution erlebt, sondern seine Entwicklung blieb immer gleitend und vollzog sich in kleinen, unmerklichen Schritten. Die Trägheit dieser Prozesse förderte das Weiterbestehen von Tradition bis hin zum Selbstbetrug. Gewiß ist es übertrieben, wenn heute manchmal behauptet wird, daß es in den wesentlichen Bereichen überhaupt keine Unterschiede zwischen dem Byzanz der Spätantike und dem des hohen Mittelalters gegeben hätte. So hätte ein Römer der Kaiserzeit das Konstantinopel des 12./13. Jahrhunderts wohl kaum für eine „römische" Stadt gehalten. Unbestreitbar aber ist, daß die Begrenztheit und Langsamkeit der Entwicklung den Eindruck von Statik vermittelt. Die Fassade von Byzanz blieb gleich, und zwar deshalb, weil die Byzantiner wollten, daß sie gleich blieb.

In gewisser Weise war dieses Festhalten an dem antiken Rom natürlich eine Schimäre. Außerhalb von Byzanz wurde es längst nicht mehr ernst genommen – auch wenn man im 15. Jahrhundert in Westeuropa gleichfalls damit begann, die Antike sozusagen wiederzuentdecken und, in der Renaissance, selbst für sich zu vereinnahmen. Aber für die Byzantiner blieb diese Haltung von Anfang bis Ende bestimmend und war, ebenso wie die Orthodoxie, ein Mittel der Identität: vielleicht schizophren, aber eben auch wirkungsvoll und gerade deswegen besonders wichtig. – Und sie fiel den Byzantinern ja auch leichter als den anderen Staaten, die auf dem Boden des Römischen Reiches entstanden waren. Griechisch war und blieb in Byzanz Umgangssprache, so wie es das schon während der römischen Kaiserzeit im Ostteil des *Imperium Romanum* gewesen war. Es war nicht, wie Latein im Westen, eine nur den

Gebildeten zugängliche „Zusatzsprache", die neben der allgemein gesprochenen Sprache stand. Zwar hat es auch in Byzanz eine Entwicklung gegeben, die zu einem stärkeren Auseinanderdriften zwischen der überlieferten Schriftsprache und dem „auf der Straße" gesprochenen Griechisch führte. Aber es war eben nicht eine vergleichbare Zweisprachigkeit wie im Westen, und das Übergewicht der überlieferten „Schriftsprache" war viel größer. So ist es kein Wunder, daß die „Volkssprache" nur langsam in die offizielle Sprache der „herrschenden Kreise" eindrang, und wenn, dann eher in einzelnen Worten und Redewendungen, aber relativ selten in großen geschlossenen Werken.

Auch dies trägt zu der besonderen Stellung der Byzantiner in der mittelalterlichen Staatenwelt Europas bei. Byzanz ist eben kein Mitglied der „lateinischsprachigen" Welt und steht schon daher in gewissem Sinn außerhalb. Griechischkenntnisse sind in Westeuropa relativ selten, und in Byzanz bemüht man sich seinerseits kaum um das Lateinische. Byzanz bleibt eine Welt für sich. Aber es ist damit zufrieden, wenn nicht sogar stolz auf seine vermeintliche Sonderstellung und bemüht sich nicht darum, irgendwelche Anstöße von außerhalb aufzunehmen.

Man kann also wohl zusammenfassend sagen, daß gerade das Mittel, das Byzanz über die anderen emporhob – Rom –, zugleich seine eigenen Entwicklungsmöglichkeiten blockierte und, je länger desto mehr, zu einer Erstarrung führte, die die Byzantiner unfähig werden ließ, in angemessener Weise auf die Herausforderungen zu reagieren, die immer wieder von außen an sie herangetragen wurden. Das Ende des Reiches war somit gewissermaßen eine logische Konsequenz seiner eigenen Überlebensstrategie: einer Strategie freilich, die Byzanz eine über tausendjährige Existenz ermöglicht hat – und das in einer Umwelt, die es mehr herausforderte, als dies bei irgendeinem anderen europäischen Staat des Mittelalters der Fall gewesen ist. Ganz so falsch kann die byzantinische Art, die Dinge zu sehen und sich nutzbar zu machen, also wohl doch nicht gewesen sein.

I. Institutionelle und soziale Faktoren

1. Kaisertum

Die wichtigste Institution des byzantinischen Staates war das Kaisertum, dessen Inhaber in ihrer Person nicht nur Legislative, Exekutive und Iudikative verkörperten, sondern darüber hinaus auch im kirchlich-religiösen Bereich eine Führungsrolle beanspruchten. Dies war, wie die Institution selbst, ein Erbe aus römischen Zeiten. Römisch war und blieb auch der Auswahlmodus: Byzanz kannte, zumindest in der Theorie, kein dynastisches Anrecht auf den Thron, wie es etwa in den germanischen Reichen des Mittelalters die Regel war, sondern jeder, mit Ausnahme von Sklaven, Eunuchen oder Klerikern, konnte Kaiser werden. Zwar hatte der Adel als führende Schicht des Reiches naturgemäß einen leichteren Zugriff, und im Lauf der Zeit wurde der dynastische Gedanke stärker, aber bis in das elfte Jahrhundert ereignete es sich doch immer wieder einmal, daß ein Kaiser quasi aus dem sozialen Nichts auf den Thron gelangte – in der Regel, wenn auch nicht immer, über eine Armeelaufbahn. Auch dies war ein Erbe Roms, man denke etwa an die Soldatenkaiser des 3. Jahrhunderts.

Das hat zur Folge, daß die Kaiserwürde in Byzanz nicht auf eine einzelne Familie oder einen engen Personenkreis beschränkt ist. Im Gegenteil lädt eine schwache Herrschaft nachgerade dazu ein, sie zu stürzen und einen neuen, ambitionierten Amtsinhaber an ihre Stelle zu setzen, der dem Staat seinen Stempel aufzudrücken bestrebt ist. Dies gibt dem byzantinischen Kaisertum eine außerordentliche Dynamik. Ein Machtverlust, wie etwa bei den Franken des 7. und 8. Jahrhunderts, wo die merowingischen Könige am Ende kaum noch über reale Macht verfügen, ist in Byzanz – von wenigen kurzen Ausnahmen abgesehen – nicht möglich.

Allerdings hatte dies auch eine Kehrseite: Wenn der Beste Anspruch auf den Thron erheben kann und seine Bestätigung aus der formalisierten Zustimmung der Konstituenten bezieht – in Byzanz aus der feierlichen Zustimmung von Senat, Armee und der Bevölkerung Konstantinopels –, dann muß er die daraus resultierenden Erwartungen auch erfüllen, da andernfalls die Gefahr seines Sturzes besteht. Solche Kaiserstürze sind in Byzanz häufiger vorgekommen als in den meisten anderen Staaten. Die Byzantiner haben zwar nie die Institution des Kaisertums selbst in Frage gestellt, wohl aber die jeweiligen Amtsinhaber: Mehr als dreißig Prozent der byzantinischen Kaiser sind gestürzt oder im Amt getötet worden. Die durchschnittliche Amtsdauer eines Kaisers betrug gerade ca. dreizehn Jahre. Man kann also sagen, daß es in Byzanz zwar leichter als anderswo gewesen ist, auf den Thron zu gelangen, aber noch leichter konnte man von ihm wieder herunterfallen.

Dies hatte auch seine Folgen für die kaiserliche Politik: Für den byzantinischen Kaiser war es zwingend notwendig, die verschiedenen Machtfaktoren innerhalb des Reiches – vor allem natürlich die Armee – im Auge zu behalten, da jeder Mißerfolg und eigentlich sogar jedes Zeichen von Schwäche zu einem Putschversuch führen konnte, der Herrschaft und oft auch Leben des Amtsinhabers beendete. Daß diese labile Situation mitunter auch durchaus zu einer Terrorherrschaft führte, die zwar meist nach wenigen Jahren gewaltsam beendet wurde, aber dann den Staat in weitaus größere Turbulenzen führen konnte, als dies in Staaten mit einer weniger zentralisierten Macht der Fall gewesen wäre, muß unter den gegebenen Umständen nicht weiter verwundern. Die byzantinischen Kaiser besaßen im allgemeinen eine größere persönliche Machtfülle als die Herrscher anderer Länder, da sie allein den staatlichen Machtapparat kontrollierten. Aber ihre Stellung war immer auch gefährdeter und folglich labiler.

2. Staatliche Institutionen

Im Unterschied zu allen anderen mittelalterlichen Staaten verfügte Byzanz über eine ausgebildete Regierungsorganisation, die auf die Hauptstadt Konstantinopel ausgerichtet war und in der die jeweiligen Würdenträger im allgemeinen festgelegte Zuständigkeiten besaßen. Zwei Punkte sind besonders hervorzuheben: Erstens werden die Amtsinhaber vom Staat besoldet, und ihre Amtszeit ist befristet. Zweitens werden diese Ämter vom Kaiser verliehen, es besteht keinerlei Anspruch auf ein bestimmtes oder überhaupt auf ein Amt, weder aufgrund von Erbschaft noch aufgrund irgendeiner Standeszugehörigkeit. Zwar haben auch in Byzanz die Mitglieder des Adels einen größeren Einfluß als die Angehörigen der anderen Bevölkerungsgruppen, aber sie haben keinen exklusiven Zugriff auf den Regierungsapparat, wie es z.B. im lateinischen Europa der Fall gewesen ist. Erst ab der mittelbyzantinischen Zeit beginnen die „Mächtigen", wie sie bezeichnenderweise genannt werden, zumindest die Provinzverwaltung in stärkerem Maße zu kontrollieren und ihre persönliche Macht auf Kosten der „Armen" auszudehnen. Aber dies ist auf die Provinzen beschränkt. In der Zentralverwaltung werden die Ämter auch weiterhin vom Kaiser verliehen, und ihre Inhaber wechseln häufig.

Dennoch gibt es natürlich auch schon in früherer Zeit die Verankerung von Familien in bestimmten Provinzen, aber das ist Privatbesitz, der – zumindest in der Theorie – nichts mit der Provinzverwaltung zu tun hat. Der institutionalisierte Einfluß des Adels auf den Staat ist in Byzanz wesentlich geringer als im Westen, zumal es immer wieder vorkommt, daß die Kaiser Leute von außen – Ausländer oder auch „Aufsteiger" – in hohe und höchste Ämter berufen, um auf diese Weise dem Einfluß des Adels gegenzusteuern. Aus diesem Grund sind die einzelnen Beamten im allgemeinen auch sehr stark auf den Kaiser und auf die Zentralverwaltung fixiert, weniger auf familiäre Bindungen. Diese Fixierung weicht erst ab dem 10./11. Jahrhundert langsam auf.

Diese grundsätzlichen Faktoren sind viel wichtiger als das Fortbestehen einzelner Ämter und Würden, die sich seit der römischen Zeit erhalten haben: etwa der *praefectus praetorio,* der *magister officiorum,* der *quaestor* oder die *magistri militum.* Diese Ämter verschwinden im Lauf der Zeit oder wechseln ihre Namen, Funktionen und Zuständigkeiten. Aber das grundlegende Prinzip, daß Beamte vom Staat besoldet werden und ihre Posten nur für eine begrenzte Zeit innehaben, bleibt bestehen.

Tatsächlich wirkt Byzanz mit seiner hoch organisierten Bürokratie in gewisser Weise „moderner" als seine mittelalterlichen Nachbarn. Aber auch dies ist antik-römisches Erbe und keine neue, eigene Entwicklung.

3. Kirche

Das *Imperium Romanum* kannte nicht einen Gott allein, sondern ließ es zu, daß in seinen Grenzen eine Vielzahl von Göttern verehrt wurde. Jeder konnte seine Religion ausüben, wenn er nur bereit war, die anderen Religionen zu tolerieren und den Eid auf den Kaiser zu leisten. Die Vergöttlichung des Kaisers – zunächst erst nach seinem Tod, später auch auf den noch lebenden ausgedehnt – war sozusagen das Mittel, eine Autorität einzurichten, die über den verschiedenen persönlichen und lokalen Gottheiten stand und für das gesamte Reich galt. Wer den vergöttlichten Kaiser nicht anerkannte, stellte sich selbst außerhalb der römischen Ordnung. Nur den Juden war eine gewisse Sonderrolle zugestanden worden. Aus diesem Grund mußte das Christentum, das seinen Gott als den einzigen anerkennt, mit der römischen Staatsraison kollidieren.

Nachdem der christliche Glaube im Laufe des vierten Jahrhunderts Staatsreligion geworden war, erwies es sich daher als notwendig, die Stellung des Kaisers im Rahmen der christlichen Religion neu zu definieren, um seine frühere Stellung auch in Zukunft sicherzustellen. Nach dieser neuen Formel galt der Kaiser als von Gott auserwählt und besonders begnadet. Hieraus folgte konsequenterweise, daß der Herrscher, obwohl an und für sich kein Mitglied des Klerus, für sich selbst besondere Vorrechte auch im kirchlichen Bereich beanspruchen konnte, die ihm, besonders in der Spätantike, auch zugestanden wurden. So haben beispielsweise die Kaiser die ersten sieben Konzilien (bis zum zweiten Konzil von Nikaia 787) einberufen und geleitet. Erst mit ihrer Unterschrift erlangten die Konzilsbeschlüsse Gesetzeskraft. Konstantin I. sah sich als

Herr der Kirche, und sein Sohn Konstantius erklärte offen, daß der Kaiser den kirchlichen Vorschriften nicht unterworfen sei.

Hinzu kam in Byzanz, daß der Patriarch von Konstantinopel ebenfalls in der Hauptstadt residierte und damit dem Zugriff des Kaisers, der im Gegensatz zu ihm über militärische Machtmittel verfügte, stärker ausgesetzt war, als dies beispielsweise bei dem Papst in Rom und dem deutschen Kaiser der Fall war. Der starke Einfluß des byzantinischen Kaisers im kirchlichen Bereich ist somit nur folgerichtig. Dennoch ist der manchmal erhobene Vorwurf des Caesaropapismus für Byzanz nicht zutreffend, denn wenngleich der Kaiser besondere Vorrechte und Eingriffsmöglichkeiten besaß, so war er doch keineswegs der uneingeschränkte Herr der Kirche, der Glaubensinhalte nach Belieben festlegen konnte.

In den mittelalterlichen Staaten Westeuropas war die Kirche in erheblichem Maße in den Staat integriert, sei es, daß Bischöfe als Reichsfürsten amtierten oder daß Kleriker in der Kanzlei des Herrschers und seiner Fürsten Verwendung fanden. In Byzanz verhielt es sich genau entgegengesetzt: Byzantinische Bischöfe als Reichsfürsten oder weltliche Machthaber waren schlicht unvorstellbar. Eine Auseinandersetzung wie etwa der Investiturstreit im mittelalterlichen deutschen Reich wäre in Byzanz nicht möglich gewesen. Die Kirche in Byzanz hatte auch nicht vergleichbare Aufgaben wie die Kirche im Westen: Innerhalb Ostroms war eine Mission kaum notwendig, und Klöster als Horte des Wissens und Mittelpunkte ganzer Regionen kannte man gleichfalls nicht. Die byzantinischen Klöster waren in der Regel von der Welt abgewandt, und Asketen, die die Weltflucht predigen, hatten einen großen Einfluß. Die byzantinische Kirche, insbesondere die Mönche und Asketen, waren weniger als im Westen in die „weltlichen" Belange involviert, sie boten eher das Konzept einer alternativen Lebensform, die für viele Byzantiner, selbst solche in hohen und höchsten Leitungsfunktionen bis hin zum Kaiser selbst, immer wieder eine hohe Anziehungskraft besessen hat.

4. Gesellschaft

Die byzantinische Gesellschaft ist für uns kaum noch faßbar, wofür vor allem der Mangel an diesbezüglichen Nachrichten verantwortlich ist. Wir kennen, wenn überhaupt, eigentlich nur die Einwohner der Städte und unter diesen hauptsächlich Konstantinopel, während über die Landbevölkerung nur wenige und dann meist auch nur punktuelle Daten bekannt sind. Das ist insofern entscheidend, als die Landbevölkerung neunzig und mehr Prozent der Gesamtbevölkerung ausmachte, zumal die meisten Städte, mit Ausnahme vielleicht nur von Thessalonike und Konstantinopel, Kleinstädte mit einer zahlenmäßig so geringen Einwohnerschaft waren, daß sie von dem umgebenden Land leben konnten.

Etwa ab dem 9./10. Jahrhundert scheint sich der Adel auf dem Land durchgesetzt zu haben. Im Prinzip war der einfache Bauer bis zu diesem Zeitpunkt frei und in eine Dorfgemeinschaft von Kleingrundbesitzern integriert, die gemeinsam für die Steuern des Dorfes hafteten. Allerdings war der Druck des Fiskus sehr hoch, zumal der kleine Bauer ihm im allgemeinen mehr ausgesetzt war als ein Großgrundbesitzer. Spätestens seit dem 9. Jahrhundert verzichteten mehr und mehr Bauern auf ihre Selbständigkeit, unterstellten sich einem „Mächtigen" und wurden unfrei, aber andererseits eben auch weniger belastet. Andere verließen ihre Dörfer, um sich anderswo anzusiedeln, in die Städte bzw. nach Konstantinopel zu ziehen oder irgend etwas völlig anderes zu machen.

Ob es der gemeinen Stadtbevölkerung viel besser gegangen ist, steht dahin. Auch hier wissen wir zuwenig, um prinzipielle Aussagen machen zu können. In Konstantinopel wenigstens waren Handel und Handwerk streng reglementiert, und ein nicht unerheblicher Teil der Einwohner dürfte auf staatliche Alimentation angewiesen gewesen sein, die allerdings nach dem Verlust Ägyptens im 7. Jahrhundert weitgehend ausfiel.

Es ist nicht zu bezweifeln, daß der Adel in der byzantinischen Gesellschaft die wichtigste Rolle spielte und einen weitaus besseren Zugang zu Stellen und Einfluß hatte, als die anderen Teile der Bevölkerung. Allerdings gab auch er kein automatisches Anrecht auf eine Karriere, die im Gegenteil fast immer von den persönlichen und familiären Beziehungen zum Kaiserhof abhing. Verlor man die Gunst des Kaisers, konnte dies den völligen Absturz der betreffenden Familie zur Folge haben, wie andererseits die Verleihung eines Amtes oder einer Würde durch den Kaiser als Sprungbrett für den gesellschaftlichen Aufstieg dienen konnte, sogar wenn es sich dabei um Ausländer oder Aufsteiger von „ganz unten" handelte. Dies ist bis zum Untergang des Reiches nicht selten geschehen. Der byzantinische Adel macht daher einen wesentlich offeneren Eindruck als etwa gleichzeitige westeuropäische Adelsgesellschaften.

Umgekehrt verführt eine solche Labilität natürlich dazu, andere Standards aufzustellen, um sich gegenüber der Masse und auch den als nicht gleichwertig empfundenen Aufsteigern abzugrenzen. Das war in Byzanz nicht anders als heutzutage. Zu diesem Bereich gehörte in der byzantinischen „guten Gesellschaft" beispielsweise die Kultur, d.h. das Aufstellen von kulturell-intellektuellen Standards, deren Kenntnis auf einen kleinen Kreis beschränkt war, dem sich der Aufsteiger anpassen mußte, wollte er akzeptiert werden. Wie auch anderswo üblich, waren diese Standards sehr traditionsgebunden und verstärkten in Byzanz so noch die oben in der Einleitung geschilderte Tendenz der Orientierung auf die (antik-römische) Vergangenheit.

Auch in Byzanz hat es natürlich immer wieder Versuche der führenden Familien gegeben, ihre eigene Stellung auf Kosten des Staates auszubauen. Besonders in den Provinzen wurde der Einfluß der Zentralregierung im Lauf der Zeit von den lokalen Kräften zurückgedrängt, bis der Staat, vor allem seit dem 14. Jahrhundert, quasi zum Privatbesitz einiger vorherrschender Geschlechter wurde. Dies ist allerdings nicht nur auf die innerbyzantinische Entwicklung zurückzuführen, sondern auch darauf, daß Byzanz aufgrund der zunehmenden Angriffe von außen immer schwächer wurde und die Kaiser in der Folge auch ihre Untertanen nicht mehr zu kontrollieren imstande waren.

II. „Natürliche" Faktoren

1. Geographische Gegebenheiten

Vom vierten bis zum sechsten Jahrhundert umfaßte das (ost)-
römische Reich den gesamten östlichen Mittelmeerraum, von
der Cyrenaica in Nordafrika über Ägypten und Syrien bis an
die persische Grenze und vom Balkan (mit Ausnahme etwa des
heutigen Dalmatien) südlich der Donau über Kleinasien bis
an den Kaukasus. Die wirtschaftlich mit Abstand wichtigste
Provinz war Ägypten, sowohl aufgrund seiner landwirtschaft-
lichen Produktion als auch wegen der Handelsverbindungen
nach Nubien. Ähnliches galt für Syrien, das die Handelswege
nach Arabien und über Persien nach dem Fernen Osten kontrollierte. Die berühmte Seidenstraße war demgegenüber, zumindest soweit es ihre nördlichen Zweige betraf, von geringe-
rer Bedeutung. Der Verlust dieser beiden Provinzen in der
ersten Hälfte des 7. Jahrhunderts stürzte das Reich folglich in
eine schwere ökonomische Krise, deren Überwindung länger
als ein Jahrhundert andauerte.

Nach dem Verlust Ägyptens und Syriens umfaßte Byzanz
im großen und ganzen etwa den Bereich der heutigen Türkei
sowie auf dem Balkan das Gebiet südlich der Save und der
Donau, das allerdings über lange Zeit nur nominell zum Reich
gehörte, in Wirklichkeit jedoch von eingewanderten Slawen,
Bulgaren, Serben und später Ungarn beherrscht wurde. Erst
gegen Ende des 10. Jahrhunderts hatte Byzanz diese Territorien
zurückgewonnen und konnte sie über einen Zeitraum von etwa 200 Jahren kontrollieren, ehe sie zu großen Teilen wieder
verloren gingen. Außerdem waren die Inseln der Ägäis, sowie
Zypern, Kreta und Sizilien byzantinisch; letzteres wurde allerdings im Laufe des 9. Jahrhunderts von den Arabern erobert, während Zypern vom 7. bis ins 10. Jahrhundert an
Kaiser und Kalif zugleich Steuern zahlte. Kreta war von den
zwanziger Jahren des 9. Jahrhunderts bis 961 arabisch. Beide
Inseln gingen dem Reich zwischen 1189 und 1204 endgültig
verloren.

Dieses Reichsgebiet sieht sehr beeindruckend aus, war in der Realität aber nur in unterschiedlicher Weise nutzbar. Das Innere Kleinasiens ermöglichte nahezu ausschließlich Weidewirtschaft; intensivere Bodennutzung, verbunden mit einer größeren Bevölkerungsdichte war nur in den Flußtälern und Küstenregionen möglich. Dennoch war der Besitz Inneranatoliens zur Sicherung der Küstenregionen unverzichtbar. Als die Seldschuken nach 1071 das Innere der Halbinsel eroberten, verarmten in der Folge auch die Küstenregionen, da sie gegen die vom Landesinneren ausgehenden Angriffe – die hauptsächlich von turkmenischen Nomaden vorgetragen wurden – nicht effektiv gesichert werden konnten.

Auf dem Balkan garantierten Save und Donau keine feste Grenze. Zwischen dem vierten und dem siebten Jahrhundert litt das Gebiet unter fast unaufhörlichen Wellen von Einfällen und Verwüstungen, so daß auch hier nur die Küstenregionen (insbesondere Thrakien und Thessalien, später auch Griechenland und Peloponnes) wirtschaftlich ins Gewicht fielen. Selbst dies war erst ab der Mitte des 8. Jahrhunderts der Fall, und nur im 11. und 12. Jahrhundert war die byzantinische Vorherrschaft hier einigermaßen unbestritten. Die jahrhundertelangen ständigen Kämpfe mit Slawen, Awaren, Bulgaren, Ungarn, Serben, Petschenegen und Kumanen hatten verheerende Folgen für die ökonomische Struktur und die Bevölkerung dieser Region.

Bodenschätze gab es, außer im Kaukasusgebiet, relativ wenige. Hier profitierte Byzanz eher von seiner geographischen Lage, die ihm die vollständige Kontrolle über das Schwarze Meer und zu einem Großteil über die Seewege zwischen Syrien/Ägypten und Westeuropa sicherte. In späterer Zeit war der Export landwirtschaftlicher Produkte (Getreide, Öl u.ä.) von einer gewissen Bedeutung, während Luxuswaren (etwa Seide) eine geringere Rolle spielten, als gemeinhin angenommen.

Als problematisch erwies sich hierbei die Beförderung. Transporte von Massengut – etwa Getreide – waren im Mittelalter nur auf dem Wasserweg möglich, während zu Land nur geringe Mengen von spezialisierten Waren (etwa Seide oder

Gewürze) gewinnbringend transportiert werden konnten. De facto waren die Provinzen im Landesinneren auf sich selbst gestellt, eine ständige Versorgung von außen war nicht möglich. Dies ist einer der Gründe, warum es Byzanz im 12./13. Jahrhundert nicht gelungen ist, das an die Seldschuken verlorene Inneranatolien zurückzugewinnen. Es gelang lediglich, einige feste Punkte zu erobern, jedoch nicht auf Dauer größere Truppenverbände zu stationieren, die eine ungestörte Rückbesiedlung ermöglicht hätten.

Sicher spielte hier auch die geographische Gliederung eine Rolle: Die großen Gebirgszüge Kleinasiens folgen in etwa einer Ost-Westrichtung. Das erwies sich als vorteilhaft gegen Angriffe aus Syrien, bot aber weniger Schutz gegen die Seldschuken, die aus dem Osten kamen. Und sobald das Taurus-Antitaurusgebirge einmal überwunden war, lagen Hochebene und Küstengebiete Kleinasiens den Invasoren gleichermaßen offen.

Insgesamt gesehen können wir also feststellen, daß nur relativ wenige Gebiete eine intensive Nutzung erlaubten, die aber ihrerseits nur im Schutz der anderen Regionen gedeihen konnten. Als jene wegfielen, verschlechterten sich auch die Bedingungen in den Kerngebieten, und das ökonomische Gefüge des Reiches brach zusammen. Dies ist eine der Rahmenbedingungen für den Niedergang des Reiches vor allem im 14. Jahrhundert, der von einer gewissen Stufe an nicht mehr aufzuhalten war.

2. Konstantinopel

Ein der Neuzeit vergleichbares Städtewesen hat es im Mittelalter nicht gegeben. An heutigen Maßstäben gemessen sind fast alle mittelalterlichen Städte nicht mehr als größere Dörfer. Einwohnerzahlen von allenfalls 5000 bis 10000 Einwohnern sind im mittelalterlichen Europa die Regel. Das heißt, daß die mittelalterlichen Städte sich im allgemeinen aus der unmittelbaren Umgebung versorgen konnten. Ausnahmen hiervon sind nur drei oder vier „richtige" Großstädte gewesen: Bagdad,

Konstantinopel, Kordoba, vielleicht noch Alexandreia. Für die Einwohnerzahl Konstantinopels gehen die Schätzungen auseinander: zwischen einer halben und einer Million Einwohner maximal, in den Krisenzeiten, vor allem des 7./8. und des 14./15. Jahrhunderts, allerdings erheblich weniger. Die Versorgung einer solchen Bevölkerungszahl war ein großes Problem, ähnlich wie es im Rom der Kaiserzeit der Fall gewesen war. Dies erklärt die große Bedeutung Ägyptens, das nicht nur ungeheuer fruchtbar war, sondern über den Nil und das Mittelmeer problemlos auch große Getreidemengen liefern konnte. Nach dem endgültigen Verlust Ägyptens 642 reduzierte sich die Einwohnerzahl Konstantinopels denn auch massiv, bis es gelang, in Thrakien und Nordwestkleinasien einen gewissen Ersatz zu finden. Aber die zahlenmäßige Größe der Zeit vor der Pest in den vierziger Jahren des 6. Jahrhunderts und vor dem Verlust Ägyptens erreichte die byzantinische Hauptstadt nie wieder – und dennoch sollte die Versorgung immer ein Problem bleiben.

Aber auch im politischen Sinn bot Konstantinopel Probleme: Es war für die Kaiser fast unmöglich, die Bevölkerung ihrer Hauptstadt effektiv zu kontrollieren. Nicht wenige Kaiser sind mehr oder weniger spontanen Revolten, zu denen zumindest ein Teil der Bevölkerung immer bereit war, zum Opfer gefallen. Die Sicherung der Herrschaft durfte nie vernachlässigt werden. Konstantinopel blieb so ein ständiges Element der Unsicherheit für den jeweiligen Herrscher.

Andererseits war es ein Machtzentrum par excellence! Seine schiere Größe wie auch seine Lage zwischen Kleinasien und dem Balkan, zwischen Mittelmeer und Schwarzem Meer und nicht zuletzt seine unüberwindlichen Befestigungen ließen es fast unausweichlich zum Zentrum und Schwerpunkt der kaiserlichen Herrschaft werden, das das ganze restliche Reich in den Hintergrund drängte. Insofern konnte Konstantinopel zwar für den einzelnen Kaiser zum Gefahrenmoment werden, für die Herrschaft als solche aber bot es eine unvergleichliche Stabilität: Solange Konstantinopel stand, stand auch das Reich. Der Verlust einzelner Provinzen war demgegenüber zu verschmerzen. Für die Existenz des Reiches waren sie nicht unabdingbar.

Aber auch hier gab es eine Kehrseite: Fiel Konstantinopel, so fiel auch das Reich. Die Eigenexistenz einzelner oder sogar aller Provinzen wäre ohne die Hauptstadt lange Zeit hindurch überhaupt nicht vorstellbar gewesen. Daher hat es auch immer wieder Angriffe auf die Hauptstadt gegeben, um so das Reich vom Kopf her zu erobern. Allerdings gelang dies erst 1203/04, zu einem Zeitpunkt, als die Provinzen sich – gleichfalls zum ersten Mal überhaupt in der byzantinischen Geschichte – ihrerseits ein wenig von Konstantinopel zu emanzipieren begannen. Vielleicht haben sie damit die Eroberung durch die Kreuzfahrer überhaupt erst möglich gemacht. Andererseits ermöglichten sie so auch ein Überleben nach 1204.

Die herausragende politische Bedeutung Konstantinopels hatte natürlich auch ihre Auswirkungen auf den ökonomischen und den kulturellen Bereich. Nach dem Ausfall Ägyptens bildeten die Stadt und ihr Umland die wohl produktivste Region des Gesamtreiches. Zugleich mußte allein schon die Tatsache, daß sowohl die weltliche (Kaisertum) als auch die geistliche (Patriarchat) Macht hier ihr Zentrum hatten, eine große Anziehungskraft ausüben. Daß dadurch auch zahlreiche Künstler angezogen wurden, die hier auf Förderung und eventuell auch auf einen Markt für ihre Produkte rechnen konnten, liegt auf der Hand. So ist der nachgerade unvergleichliche Ruf, den Konstantinopel während des ganzen Mittelalters hindurch genoß, leicht zu begreifen. Auf Fremde muß die Stadt wie ein Weltwunder gewirkt haben. Wie der französische Chronist des Zweiten Kreuzzugs Odo von Deuil es ausgedrückt hat: Konstantinopel, „der Griechen Ruhm, sagenhaft reich, tatsächlich noch reicher" – *Grecorum gloria, fama dives, rebus divitior.*

3. Überleben in einer feindlichen Umwelt

Unter den großen etablierten Staaten des europäischen Mittelalters ist Byzanz wohl der einzige gewesen, dessen Existenz seit dem beginnenden 7. Jahrhundert ununterbrochen in Frage gestellt worden ist. Schon zwischen dem vierten und sechsten Jahrhundert war praktisch kein Jahrzehnt ohne Krieg vergangen – man denke an die Perser im Osten und an Germanen, Hunnen, Awaren und Slawen im Norden –, seit dem 7. Jahrhundert indes ging es buchstäblich um die Existenz. An dieser Stelle mag eine kurze Aufzählung genügen, für Einzelheiten sei auf die folgenden Kapitel verwiesen.

In der ersten Hälfte des 7. Jahrhunderts hatte Byzanz auf dem Balkan vor allem mit Awaren und Slawen zu kämpfen und konnte lediglich einige Küstengebiete behaupten, während das Landesinnere verlorenging. Im Osten eroberten zunächst die Perser Syrien und Ägypten und verwüsteten große Teile Kleinasiens. Nach dem Sieg über diese Gegner blieben nur wenige Jahre bis zur arabischen Eroberungswelle, in deren Verlauf Ägypten und Syrien endgültig der byzantinischen Kontrolle entglitten und Kleinasien für nahezu ein Jahrhundert fast jährlich schwere Einfälle hinnehmen mußte. Erst seit der Mitte des 9. Jahrhunderts konnte Byzanz hier langsam die Oberhand gewinnen. Dafür entstand auf dem Balkan mit den Bulgaren seit dem letzten Viertel des 7. Jahrhunderts ein neuer Gegner, der besonders zwischen 792 und 815 und noch einmal zu Beginn des 10. Jahrhunderts höchst gefährlich wurde. Erst zu Beginn des 11. Jahrhunderts gelang es unter Basileios II., die Bulgaren für knapp 200 Jahre zu unterwerfen.

In der zweiten Hälfte des 11. Jahrhunderts hatte das Reich auf dem Balkan mit den Petschenegen und etwas später mit den Kumanen zu kämpfen. Kleinasien fiel nach 1071 zu großen Teilen an die Seldschuken, während von Westen her als neue Gegner die Kreuzfahrer und die italienischen Seestädte erschienen, deren kombiniertem Angriff Konstantinopel im Vierten Kreuzzug 1203/04 erliegen sollte. Hinzu kamen im 12. Jahrhundert auf dem Balkan die Ungarn sowie die Serben und nach 1186 wiederum die Bulgaren.

Im 13. Jahrhundert ging es zunächst um die Rückgewinnung und später um die Behauptung Konstantinopels gegen die „Lateiner", d.h. Kreuzfahrer und Venezianer; hinzu kamen die Auseinandersetzungen zwischen den verschiedenen griechischen Nachfolgestaaten, die nach dem Auseinanderbrechen des Reiches 1204 entstanden waren. Im 14. Jahrhundert schließlich waren die Hauptgegner auf dem Balkan Serbien, Bulgarien, die lateinischen Fürstentümer im Bereich des heutigen Griechenland und dann vor allem die Osmanen, die im Laufe des Jahrhunderts ganz Kleinasien eroberten und ab 1354 auch nach Europa übersetzten und in raschem Siegeszug die meisten Balkanstaaten unterwarfen. Byzanz selbst wurde ihnen tributpflichtig. Im 15. Jahrhundert schließlich war es nur noch eine Frage der Zeit, wann Konstantinopel fallen würde. Byzanz war jetzt zu schwach geworden, um die Dinge noch selbst beeinflussen zu können.

Damit seien nur die größeren Auseinandersetzungen angesprochen, zu denen noch unzählige kleinere zu rechnen wären. Eines der Hauptziele der Feinde war dabei immer wieder Konstantinopel, dessen Besitz nicht nur den größten Gewinn bot, sondern dessen Fall auch den des ganzen Reiches nach sich gezogen hätte. So wurde die Stadt 626 von den Awaren, Slawen und Persern belagert, 674–678 und 717/18 von den Arabern. 813/14 drohten mehrfach bulgarische Angriffe, 860 kam es zu einem völlig überraschenden Vorstoß der Waräger, die über das Schwarze Meer gezogen waren und unverhofft vor Konstantinopel standen. Bei den ersten drei Kreuzzügen drohten direkte Angriffe auf die Stadt, zum Teil kam es zu offenen Kämpfen. Dem Vierten Kreuzzug fiel Konstantinopel dann 1203/04 zum Opfer. Schließlich überstand die Stadt noch mehrere längere Belagerungen durch die Osmanen, ehe diese sie am 29. Mai 1453 schließlich einnehmen konnten und zur Hauptstadt ihres eigenen, des Osmanischen Reiches machten.

Neben diesen Auseinandersetzungen mit äußeren Feinden sind noch zahlreiche Bürgerkriege zu erwähnen, so zu Beginn des 7. Jahrhunderts zwischen Phokas und Herakleios, ein Jahrhundert später zwischen Theodosios III. und Leon III., dann 741–743 zwischen Konstantin V. und Artabasdos, im 9. Jahrhundert zwischen Michael II. und Thomas „dem Slawen" (821–824), am Ende des 10. Jahrhunderts zwischen Basileios II. und den einflußreichen Familien der Phokaden und der Skleroi. Im 11. Jahrhundert herrschte zwischen 1071 und 1081 (Machtergreifung der Komnenen) ein fast ununterbrochen andauernder Bürgerkrieg, ein Jahrhundert später versank das Reich unter den Angeloi fast in den innenpolitischen Wirren, und schließlich gab es im 14. Jahrhundert neben den internen Auseinandersetzungen innerhalb der Palaiologendynastie noch den Kampf mit Johannes VI. Kantakuzenos, der ebenfalls schwere Schäden anrichtete. Auch hier sind nur die größeren Kämpfe genannt, zu denen noch diverse kleinere Aufstände und Streitigkeiten zu zählen sind. Insgesamt gesehen kann man wohl sagen, daß es kaum ein Jahrzehnt ohne innere oder äußere Auseinandersetzungen gegeben hat.

Zusammengenommen mit den „üblichen" Problemen des Mittelalters – Krankheiten und Seuchen, Hungersnöten, Erdbeben, Brandkatastrophen und dem ständigen Druck von seiten der „Mächtigen" –, muß dies alles ein Gefühl der Unsicherheit und des Ausgeliefertseins erzeugt haben, das für uns heutzutage fast nicht mehr nachzuvollziehen ist. Bedenken wir, daß man alle diese Heimsuchungen im allgemeinen nicht als Zufälle hinnahm, sondern als Strafen für die eigenen Sünden, ebenso wie Erfolge oft als Belohnung für die eigene Tugendhaftigkeit oder als Beweis für die Richtigkeit der jeweiligen religiösen Überzeugung interpretiert wurden, so muß dies eine Gefühlslage ergeben haben, die man oft genug geradezu als manisch-depressiv bezeichnen könnte.

Eine solche Stimmungslage mag vielleicht manches erklären, was uns heute völlig irrational vorkommen mag und das vielleicht sogar die Byzantiner selbst kaum verstehen, geschweige denn nachvollziehen konnten. Auch dies trägt dazu bei, daß die Geschichte des byzantinischen Staates in einer Weise labil erscheint, wie es eigentlich bei keinem anderen mittelalterlichen Staat der Fall ist.

III. Von der „Gründung" Konstantinopels bis zur persischen Eroberung Syriens und Ägyptens (330–ca. 618/19)

1. Bis zur „Reichsteilung" Theodosios' I. (395)

Von Beginn der römischen Kaiserzeit an sind die außenpolitischen Problemzonen des Römischen Reiches eigentlich immer gleich geblieben: im Norden die Rheingrenze und die obere Donau mit ihren germanischen Anrainern, auf dem Balkan gleichfalls die Donaugrenze und im Osten Syrien und Mesopotamien als Grenzregionen zu den Parthern bzw. zu den sassanidischen Persern, die die Parther im dritten Jahrhundert abgelöst hatten und erheblich aggressiver auftraten. Es zeigte sich, daß die Bekämpfung dieser Feinde des Reiches ihrerseits erhebliche Machtkonzentrationen erforderlich machte, die zu kontrollieren der Zentralregierung in Rom im Lauf der Zeit immer schwerer fiel: Das Reich war einfach zu groß geworden, um von einem einzigen Zentrum aus effektiv verwaltet werden zu können. Allein die Zeit, die die Zentralregierung im fernen Rom brauchte, um auf Ereignisse etwa in Mesopotamien zu reagieren, überstieg jedes vernünftige Maß. Man hätte zwar den lokalen Instanzen größere Machtmittel und Kompetenzen zuweisen können. Das aber hätte wieder die regionalen Kräfte gestärkt, die ihre Energien auch gegen die Zentrale richten konnten, wie es ja in der Epoche der „Soldatenkaiser" der Fall gewesen war.

Nachdem mehrere Versuche, die Reichsverteidigung zu reorganisieren, fehlgeschlagen waren, zog Kaiser Diokletian (284–305) die Konsequenzen aus dieser Situation und ersetzte das eine bisherige Zentrum – Rom – durch mehrere regionale Zentren, die den Grenzregionen näher lagen. In dem „Kaiserkollegium" Diokletians agierten zwei gleichgeordnete Kaiser, die „Augusti", denen jeweils ein „Caesar" beigeordnet war, der zugleich der ausersehene Nachfolger seines Augustus war. Dieses unter dem Namen „Tetrarchie" („Viererherrschaft") bekannte System war theoretisch glänzend durchdacht, scheiterte aber in der Praxis mit dem Rücktritt Diokletians, dem allein die anderen sich unterzuordnen bereit gewesen waren. In den anschließenden Bürgerkriegen setzte sich schließlich Konstantin I. durch, der nach dem Sieg über seinen letzten Rivalen Licinius von 324 bis 337 wieder allein regierte.

Auch Konstantin war sich allerdings bewußt, daß das Reich von Italien aus nicht mehr effektiv zu kontrollieren war, und er verlegte die Hauptstadt deshalb nach Osten, in die Region mit den größten Problemen. Seine Wahl fiel auf Byzantion, eine eher unbedeutende griechische Kleinstadt, die jedoch den Vorzug hatte, im Schnittpunkt diverser Land- und Wasserstraßen zu liegen, so daß vor allem die Balkangrenze von dort aus gut unter Kontrolle gehalten werden konnte. Konsequenterweise wurden die Institutionen Roms – wie etwa der Senat und die Regierungsbehörden – in die neue Hauptstadt verlegt bzw. dort neu eingerichtet; die Stadt selbst wurde massiv ausgebaut, zum Teil nach dem Vorbild Roms, und sie erhielt den Namen ihres „Gründers", eben Konstantinopel – Stadt Konstantins (Grundsteinlegung 326 bzw. feierliche Einweihung 330).

Ebenso reorganisierte Konstantin die Reichsverwaltung und die Armee, wobei er auch hier in den wesentlichen Punkten Diokletian folgte, allerdings weniger dogmatisch vorging und seine Maßnahmen besser der Realität anpaßte. Vor allem trennte Konstantin die militärischen von den zivilen Befugnissen. Die Armee wurde, grob gesprochen, in zwei Teile geteilt: Der eine konzentrierte sich auf die direkte Grenzsicherung, der andere, erheblich besser bewaffnet und dank starker Kavallerieverbände auch beweglicher, war im Reichsinneren stationiert, von wo aus er schnell und effektiv an allen bedrohten Punkten eingesetzt werden konnte. Die zivile Provinzadministration hingegen wurde erheblich stärker aufgespalten als zuvor: Das Reich teilte sich jetzt in rund 120 Provinzen, die in insgesamt fünfzehn Diözesen zusammengefaßt waren, über denen wiederum vier (zeitweise auch drei oder fünf) Prätorianerpräfekturen standen. Ostrom umfaßte die beiden Präfekturen Oriens und Illyricum. Diesen Behörden, die entgegen ihrer

Bezeichnung nichts mit dem Militär zu tun hatten, oblag vor allem das Einziehen und die Verwaltung der sog. „Annona", einer Art Naturalsteuer. Im Lauf der Zeit zogen sie jedoch immer mehr Befugnisse an sich, bis sie im 6. Jahrhundert als Mammutbehörden dastanden, die kaum noch zu kontrollieren waren. In den Wirren des 7. Jahrhunderts scheinen sie sich dann gleichsam von selbst aufgelöst zu haben, ohne daß wir von entsprechenden gesetzlichen Maßnahmen der Kaiser wüßten: Die Präfektur „Oriens", die u. a. Kleinasien, Konstantinopel und Thrakien umfaßte, tritt in den Quellen einfach nicht mehr in Erscheinung, ihre Aufgaben werden von anderen Ämtern übernommen. Das Illyricum hingegen fiel den Angriffen von außen zum Opfer, die sein Gebiet bis auf minimale Reste aufzehrten, so daß die Präfektur auf diese Weise ihr „natürliches" Ende fand.

In der Zentralverwaltung war der *magister officiorum* der wichtigste Würdenträger, der nicht nur für die Außenpolitik und für das Postwesen zuständig war, sondern auch die Geheimpolizei kontrollierte. Allerdings sollte man den Einfluß dieser Ämter nicht überschätzen: Von größerer Bedeutung waren stets die persönlichen Verbindungen, sei es zum Kaiser oder zu den militärischen Machthabern, von denen schwächere Kaiser dominiert wurden.

Im Bereich des Geldwesens führte Konstantin mit dem Solidus (griech.: Nomisma) eine neue Goldmünze ein, deren Metallgehalt vom Staat zunächst stabil gehalten werden konnte, was die Inflation, der auch Diokletian nicht hatte Herr werden können, zumindest verlangsamte.

Konstantin begnügte sich nicht mit administrativen Maßnahmen, sondern versuchte, auch die geistigen Grundlagen von Reich und Kaisertum zu reformieren. Das Rom der Kaiserzeit war ein relativ toleranter – oder besser: indifferenter – Staat gewesen, der seinen Bürgern überließ, welche Götter sie anbeten wollten, solange sie nur den „offiziellen" Göttern Roms ihren Respekt nicht versagten. Eine der ideologischen Klammern bildete das Kaisertum. Zunächst wurden die Kaiser erst nach ihrem Tod zu Göttern, im Lauf der Zeit aber wurde auch der noch lebende Kaiser immer mehr vergöttlicht. Die Untertanen hatten diesen lebenden Gott anzuerkennen, eine Ausnahme galt nur für die Juden. Als man erkannte, daß die Christen keine weitere jüdische Sekte, sondern eine neue, im Gegensatz zu den Juden nicht ethnisch limitierte Religion darstellten, wurden sie konsequenterweise verfolgt, da sie den Kaiser nicht als Gottheit anzuerkennen bereit waren.

Auch in diesem Bereich hat Diokletian Marksteine gesetzt, indem er den Kaiser sozusagen in das antike Pantheon einbaute. Er selbst führte den Beinamen *„Iovius"*, sein Mitaugustus Maximian nannte sich *„Herculius"*, was zugleich den Rangunterschied zwischen beiden verdeutlichte. Die beiden *Caesares* schlossen sich in einer gewissen hierarchischen Abstufung an. Die Christen akzeptierten diese Vergöttlichung bekanntermaßen nicht und wurden daher heftig verfolgt.

Konstantin, der mit dem Christentum sympathisierte und das Kreuz sogar zu seinem Feldzeichen gemacht haben soll, setzte dieser Verfolgung ein Ende und erkannte, wie allerdings schon 311 Galerius, im Jahre 313 in Mailand zusammen mit seinem Verbündeten Licinius das Christentum an, ohne indes mit dem Heidentum ganz zu brechen. Damit aber war jetzt das Problem entstanden, wie man den bisherigen Gottkaiser mit der neuen Religion verbinden konnte. Die Lösung lag darin, daß Konstantin zwar den Anspruch, ein Gott zu sein, aufgab – zumindest den Christen gegenüber –, sich aber dafür als von Gott zur Herrschaft berufen und auserwählt darstellen ließ. Der Kaiser war nun nicht mehr *„divus"*, sondern *„a deo electus"*. Ihm blieb damit, auch im Rahmen des Christentums, eine besondere Autorität in allen religiösen Fragen, eine Autorität, die von Konstantin durchaus ausgeübt wurde; genannt seien nur die Auseinandersetzungen mit den Donatisten oder den Arianern.

Diese religiöse Führungsrolle war keine Erfindung Konstantins, sondern entsprach dem Selbstverständnis der römischen Kaiser, das jetzt nur an die geänderten „Rahmenbedingungen" angepaßt wurde. Konstantin setzte insofern auch den Standard für seine Nachfolger, die alle, bis in das 15. Jahrhundert hinein, ähnliche Vorrechte für sich beanspruchten, freilich mit wechselndem Erfolg. Einen Versuch, zu den Verhältnissen der Zeit vor Konstantin zurückzukehren, hat nur Julian „der Abtrünnige" unternommen, der aber ohne Erfolg blieb. Mit seinem Tod nach nur zwei Jahren Herrschaft brach auch sein Restaurationsversuch zusammen, was indes nicht heißen soll, daß es nun keine „Heiden" mehr gegeben hätte. Dessen ungeachtet blieben die „Heiden", d. h. die Anhänger antiker, nichtchristlicher Kulte, weiterhin eine zahlenmäßig große Partei, die allerdings nach außen immer weniger in Erscheinung trat.

In der Frage der Reichssicherung konnte allerdings auch Konstantin keine grundsätzlichen Änderungen herbeiführen. Ob von Rom oder von Konstantinopel, das Reich blieb zu groß, um von einem Zentrum aus effektiv verwaltet werden zu können, und so nimmt es nicht wunder, daß sich im Laufe des vierten Jahrhunderts die gleichzeitige Herrschaft zumindest zweier Kaiser durchsetzte, von denen allerdings einer, in der Regel der „dienstältere", den Vorrang innehatte. Ob dies nun der jeweilige „Ost-" oder „Westkaiser" war, ergab sich eher zufällig. Auch dieses System setzte den Bürgerkriegen kein völliges Ende, erwies sich im großen und ganzen aber als wirkungsvoll, vor allem weil es im Gegensatz zu den Absichten Diokletians nicht mehr von der Fiktion der Auswahl der jeweils Besten ausging, sondern die Herrschaft ganz konkret auf eine Familie zu begrenzen suchte. Wo dies nicht möglich war, griff man auch zum Mittel der Adoption oder der Anheirat.

All diese Maßnahmen konnten allerdings nur gewisse Verbesserungen in der Administration bewirken, die grundsätzlichen Probleme blieben erhalten: Die sozialen Spannungen verschärften sich weiter, besonders in den Regionen, die Angriffen von außen ausgesetzt waren. Dies galt vor allem für die Balkanprovinzen, aber auch für die Grenzgebiete hinter Rhein und Donau, die zunehmend von germanischen Einfällen heimgesucht wurden.

Am schlimmsten aber stand es um die Balkanprovinzen südlich der Donau. Schon im dritten Jahrhundert hatte es hier immer wieder Angriffe gegeben, bis Rom sich gezwungen sah, die einst von Trajan eroberten Landstriche zwischen Karpathen und Donau zu räumen. Doch der Druck erhöhte sich weiter. Grund hierfür waren Entwicklungen fern im Osten, die von Rom nicht beeinflußt werden konnten: Die nach Westen ziehenden Hunnen schoben die ihrerseits von Norden nach Südrußland vorgestoßenen Stammesverbände der Ostgermanen vor sich her. Diese germanischen Stämme, vor allem Ost- und Westgoten, aber auch Wandalen und andere, begannen, gegen die Donaugrenze zu drücken und sie schließlich zu durchbrechen. Versuche der Kaiser, sie als Foederaten in den Dienst des Reiches zu nehmen, mißlangen, da Rom nicht in der Lage und wohl auch nicht willens war, den Lebensunterhalt dieser unfreiwilligen Bundesgenossen sicherzustellen. Es kam zum Krieg, und die verheerende Niederlage von Adrianopel 378, bei der sogar Valens, der Kaiser Ostroms, fiel, ließ den Balkan für mehr als ein Jahrhundert zum dauerhaft verwüsteten Schlachtfeld werden. Auch wenn Theodosios I. die Lage noch einmal einigermaßen wiederherstellen konnte, blieb die Autorität des Reiches in diesem Raum nachhaltig erschüttert.

2. Das fünfte Jahrhundert

Theodosios I. war der letzte Kaiser, der allein über das gesamte Reich regiert hatte. Vor seinem Tod 395 setzte er als seine Nachfolger seine beiden Söhne Arkadios im Osten und Honorius im Westen ein. Das entsprach durchaus den Gepflogenheiten, war aber insofern verhängnisvoll, als beide noch Kinder waren, für die andere die Regierung führten, denen die Belange ihres jeweiligen Reichsteils wichtiger waren als der Zusammenhalt des Gesamtreiches. Im Westen war der Heermeister (*magister militum*) Stilicho der entscheidende Mann, im Osten zunächst Gainas, der allerdings bald gestürzt wurde.

Die Entwicklung im Westen muß an dieser Stelle nicht ausführlich behandelt werden. Auch wenn Stilicho und seine Nachfolger noch einige Zeit Erfolg hatten, konnten sie doch den Zerfall der Reichsautorität nicht verhindern: Britannien mußte aufgegeben werden, die Rheingrenze wurde immer durchlässiger, und die Niederlassungen germanischer Stämme auf Reichsgebiet entwickelten sich bald zu regelrechten Staatsgründungen. Hier sind vor allem die Wandalen in Nordafrika, die Sueben in Nordwestspanien und die Westgoten in Aquitanien und dann in Spanien zu nennen. Die Plünderungen Roms durch die Westgoten 410 und durch die Wandalen 455 zeigen, daß der weströmische Kaiser sich nicht einmal mehr Italiens sicher sein konnte. Nach dem Tod Valentinians III. (455) wurden die ohnehin schwachen Kaiser Westroms noch mehr als zuvor von anderen dominiert. Der Sturz des letzten weströmischen Kaisers Romulus Augustulus durch seinen eigenen Heermeister Odoaker 476 war nicht mehr als eine logische Konsequenz dieser Entwicklung.

Im Ostteil des Reiches liefen die Dinge günstiger. Die Frage nach den Gründen für diese unterschiedliche Entwicklung hat die Forschung seit langem beschäftigt. A. Demandt listet in seinem Buch „Der Fall Roms im Urteil der Nachwelt" (erschienen 1983) über vierhundert verschiedene Erklärungsversuche für den Untergang Roms – was hier fast immer Westrom meint – auf. Dennoch stimmt man allgemein darin überein, daß der Ostteil des Reiches in ökonomischer Hinsicht besser dastand als der daniederliegende Westen. Zwar war der Balkan weiterhin eine verwüstete Region, die ökonomisch am Boden lag. Kleinasien hingegen war vergleichsweise unberührt von feindlichen Einfällen, ebenso Syrien und Palästina. Vor allem aber gab es Ägypten! Ägypten war aufgrund der Nilüberschwemmungen und des Transithandels in den Sudan und zum Teil auch nach Arabien nach wie vor die mit Abstand reichste und wirtschaftlich stärkste Region des ganzen Reiches, und seine Einkünfte dürften es vor allem gewesen sein, die den Kaisern Ostroms das Überleben sicherten. Hinzu kam, daß die Angriffe der Germanen und Hunnen den Balkan zwar immer wieder in Schutt und Asche legten, aber ebenso regelmäßig vor den Mauern Konstantinopels endeten, die unter Kaiser Theodosios II. mit großem Aufwand erneuert und vergrößert worden waren, so daß sie mit den Mitteln, die Nomadenvölkern zur Verfügung standen, nicht zu bezwingen waren. Der verwüstete Balkan jedoch bot den Angreifern keine Lebensgrundlage mehr. Nach Kleinasien konnten sie nicht, da sie nicht über Schiffe verfügten. Im Westen aber lockte das vergleichsweise unberührte und schwache Italien! So ist es kein Wunder, daß mehr oder weniger alle germanischen Stämme über kurz oder lang den Ostteil des Reiches verließen und nach Westen zogen. Zum Teil wurden sie hierzu auch von seiten Konstantinopels ermuntert, wo man ferne Feinde lieber sah als allzu nahe Gegner, die immer begehrlich auf die eigene Hauptstadt schielen mochten.

Während so die weströmischen Kaiser untergingen, blieben die oströmischen unter dem Einfluß ihrer Heermeister, die die Politik bestimmten. Nach Gainas um die Jahrhundertwende ist hier vor allem Aspar zu nennen, der auch als „Kaisermacher" hervortrat, bis er mit Leon I. einen „falschen" Kandidaten auf den Thron brachte, der sich gegen ihn mit anderen Kräften – den Isauriern – verbündete, dank deren Hilfe er schließlich Aspar beseitigen konnte. Freilich war der Preis hierfür die Heirat seiner Tochter mit dem isaurischen Anführer Tarasikodissa, der nach dem Tod Leons I. und einem kurzen Zwischenspiel unter dem Namen Zeno den Thron bestieg, sich aber als zwar unbeliebter, aber fähiger Herrscher erwies, unter dem es Byzanz gelang, allmählich einen stabileren Kurs zu steuern. Freilich wurde ihm dies durch den Zerfall des Hunnenreiches nach dem Tod Attilas erleichtert, vor allem, als es ihm gelang, den Stamm der Ostgoten nach Italien zu lenken, wo 476 Odoaker den letzten weströmischen Kaiser gestürzt hatte. Auf dem Balkan hatte das Reich damit erst einmal eine gewisse Ruhepause gewonnen.

Während die außenpolitischen Nöte Ostroms sich eigentlich vor allem auf eine Region – den Balkan – beschränkten, traten innenpolitisch im kirchlich-religiösen Bereich nahezu unlösbare Probleme auf.

Einer der Gründe, warum Konstantin I. sich für die Anerkennung des Christentums entschieden hatte, war die Tatsache, daß diese Religion so stark geworden war, daß ihre dauernde Unterdrückung nicht mehr möglich schien. Indem Konstantin sich gleichsam an die Spitze dieser Religion stellte, hoffte er, auf diese Weise die Unterstützung einer großen und immer einflußreicher werdenden Gruppe zu gewinnen. Persönliche, religiös motivierte Beweggründe sind dabei natürlich nicht auszuschließen, wenngleich Konstantins Handeln eher den Eindruck erweckt, von rationalen Motiven geprägt zu sein. Wie dem auch sei: Konstantin war zwar einerseits erfolgreich, hatte aber andererseits damit Geister geweckt, deren seine Nachfolger nicht mehr Herr wurden.

Konstantin mag die Christen für eine homogene Gruppe gehalten haben, die leicht zu lenken sein würde. Wenn dem so war, hat er sich in dieser Einschätzung getäuscht. Schon kurz nach der Anerkennung des Christentums brachen die verdeckten Spannungen offen aus: Ging es bei den Donatisten noch um ein eher marginales Problem – galten die Sakramente auch dann, wenn sie von „Unwürdigen" erteilt worden waren? –, so betraf der Arianismus schon die Wurzeln des christlichen Glaubens: War Jesus Christus Mensch oder Gott oder beides? Dieses Problem sollte die Kirche bis weit ins 7. Jahrhundert hinein beschäftigen, und noch der Ikonoklasmus des 8. und 9. Jahrhunderts knüpfte in gewisser Weise daran an.

Die Arianer sahen in Christus nur einen – wenn auch besonders begnadeten – Menschen. Dagegen wandte sich die offizielle Kirche, die diese Lehrmeinung auf dem Konzil von Nikaia 325 als Häresie verwarf. Dennoch blieb der Arianismus das ganze 4. Jahrhundert hindurch ein ungelöstes Problem. Zudem konnte er bei einigen Germanenvölkern Fuß fassen, wo er bis ins 6. (Ost- und Westgoten, Wandalen) und teilweise (bei den Langobarden) sogar bis ins 8. Jahrhundert hinein überlebte.

Im oströmischen Reich hingegen kam es zu einer Art Gegenbewegung: Der Monophysitismus sah, vereinfacht gesprochen, in Christus zwar ursprünglich zwei Naturen am Werk, von denen die göttliche aber dermaßen überwiegend war, daß sie die menschliche sozusagen völlig in sich aufsog. Diese An-

schauung verbreitete sich vor allem in den östlichen Reichsprovinzen, in Syrien und Ägypten, fand sich vereinzelt aber
auch in Kleinasien und sogar in Konstantinopel, während sie
im lateinischen Westen mehr oder weniger bedeutungslos
blieb. Auf dem Konzil von Chalkedon 451 wurde sie offiziell
verurteilt, was aber keineswegs ihr Ende bedeutete.

Die Kaiser, die sich ja auch als geistige Führer der Kirche
sahen, konnten naturgemäß bei diesen Konflikten nicht untä-
tig bleiben, waren aber ihrerseits weit davon entfernt, eine
konsequente Linie zu verfolgen. Wie sollten sie auch, waren
einige von ihnen ja selbst arianisch oder später monophysi-
tisch beeinflußt oder vertraten zumindest zeitweilig entsprechende Positionen, sofern sie nicht, wie Julian „Apostata"
(der Abtrünnige, in christlicher Sicht), das Christentum insgesamt ablehnten und zum Heidentum zurückkehrten; freilich zu
einem Heidentum, das vom Gedankengut der Stoa und selbst
des Christentums beeinflußt wurde. Ohnehin hatte Julian
keinen Erfolg: Mit seinem Tod brach auch seine Politik zusammen.

Das Problem der Kaiser war, daß diese theologischen Dif-
ferenzen sich keineswegs auf einige wenige Theologen beschränkten, daß sie vielmehr große Volksmengen, ja ganze
Provinzen, in Bewegung zu bringen vermochten. Damit aber
wurden diese Theologenstreitigkeiten zu politischen Faktoren,
deren Konsequenzen bedacht werden mußten. Und so
schwankt die kaiserliche Politik fortwährend zwischen den
Extremen einer mehr oder weniger offenen Duldung, ja Unterstützung der „Häretiker" und deren blutiger Verfolgung
hin und her. Dazwischen liegen immer wieder Kompromiß-
versuche, die aber ihrerseits von den Vertretern der reinen
Lehre auf beiden Seiten abgelehnt und als neue Häresien ge-
brandmarkt wurden. Insgesamt gesehen blieb dieses Problem
für die Kaiser unlösbar, so sehr sie sich auch immer wieder
bemühten.

Doch zurück zu den politischen Verhältnissen. Mochte der
östliche Reichsteil auch die Stürme des 5. Jahrhunderts überlebt haben, so hieß das noch lange nicht, daß es ihm gutging.

Die Unterschiede zwischen arm und reich verschärften sich weiter, besonders auf dem Land, wo die Großgrundbesitzer immer mehr Macht und Einfluß an sich zogen. Eine Folge war eine gewisse Stadtflucht, der die Städte ihrerseits kaum gewachsen waren, zumal ihnen immer neue Lasten aufgebürdet wurden, die sie kaum tragen konnten. In Konstantinopel trafen alle diese Probleme wie in einem Brennpunkt zusammen und erzeugten ein Gemisch, das jederzeit explodieren und die Herrschenden selbst gefährden konnte. Man bemühte sich zwar, die Bevölkerung durch die Zuteilung von billigem oder sogar kostenlosem Getreide, durch Wagenrennen und andere Veranstaltungen ruhigzustellen. Aber dies verursachte Kosten, ebenso wie das Heer, das vorwiegend aus Söldnern bestand, die nur so lange – und auch dann nicht immer – vertrauenswürdig blieben, wie sie gut und pünktlich bezahlt wurden. Auch wenn die außenpolitische Situation Ostroms sich nach dem Zerfall des Hunnenreiches und nach dem Abzug der Ostgoten nach Italien sehr verbesserte, so blieb der innere Zustand des Imperiums doch weiterhin labil.

3. Der Restaurationsversuch Justinians I. und seine Folgen

Es ist schon mehrfach darauf hingewiesen worden, daß Ost- und Westrom sich nicht als zwei Reiche verstanden haben, sondern als eines, das nur von zwei Kaisern in kollegialer Weise von zwei verschiedenen Hauptstädten aus regiert wurde und in zwei unterschiedliche Verwaltungsstrukturen zerfiel. Aufgrund dieses Selbstverständnisses konnte es nach dem Sturz des letzten weströmischen Kaisers auch kein ideologisches Vakuum geben, sondern der oströmische Kaiser war der natürliche Nachfolger seines Amtskollegen, und ebenso war es seine natürliche Aufgabe, das fortzuführen, was dieser nicht mehr hatte erreichen können, nämlich die Vertreibung oder Unterwerfung der nach Rom eingefallenen Barbarenvölker und die Durchsetzung der kaiserlichen Autorität. Ja, man kann sogar sagen, daß der oströmische Kaiser erst jetzt, nach dem Sturz des Westkaisers, frei war, selbst an diese Aufgabe heranzugehen, die nun auch die seine geworden war, während sie vorher in erster Linie eben Sache Westroms gewesen war.

Man kann daher auch nicht sagen, der Rückeroberungsversuch Justinians sei eine Idee gerade dieses Kaisers gewesen. Sie drängte sich vielmehr nach 476 mehr oder weniger auf, auch wenn ihre Realisierung zunächst noch von den inneren und äußeren Problemen des Ostreiches verhindert wurde, und jeder Kaiser in Konstantinopel mußte sich damit auseinandersetzen, er mochte wollen oder nicht.

Schon Zeno hatte hier ein erstes Zeichen gesetzt, als er die Ostgoten unter ihrem König Theoderich, der in Konstantinopel aufgewachsen und erzogen worden war, nach Italien gegen den Usurpator Odoaker in Marsch setzte. Theoderich erwies sich als großer Herrscher, der unter formaler Wahrung der oströmischen Rechte einen starken Staat begründete. Aber nach seinem Tod 526 kam es unter seinen Nachfolgern zu schweren Auseinandersetzungen, ebenso in dem wandalischen Nordafrika, was einen byzantinischen Unterwerfungsversuch jetzt realistischer erscheinen ließ als im fünften Jahrhundert. Zudem hatten die Staatsfinanzen sich unter den Kaisern Anastasios I. und Justin I. konsolidiert, so daß Justinian bei seinem Regierungsantritt ausreichend Mittel vorfand, um einen ernsthaften Versuch unternehmen zu können, der Reichsautorität auch im Westen wieder Geltung zu verschaffen.

Der leichteste Gegner schien das Wandalenreich in Nordafrika zu sein, das von schweren Thronauseinandersetzungen erschüttert wurde. 533 zog ein kleines byzantinisches Expeditionsheer unter dem Befehl Belisars gegen Karthago, eroberte in kurzer Zeit die Hauptstadt und unterwarf das gesamte wandalische Reich. Der Staatsschatz wurde nach Konstantinopel geschafft, und Belisar konnte dort in einem Triumphzug auch den letzten wandalischen König Gelimer mitführen. Allerdings sollte es noch über ein Jahrzehnt dauern, bis die Provinz völlig befriedet und der oströmischen Kontrolle unterworfen war.

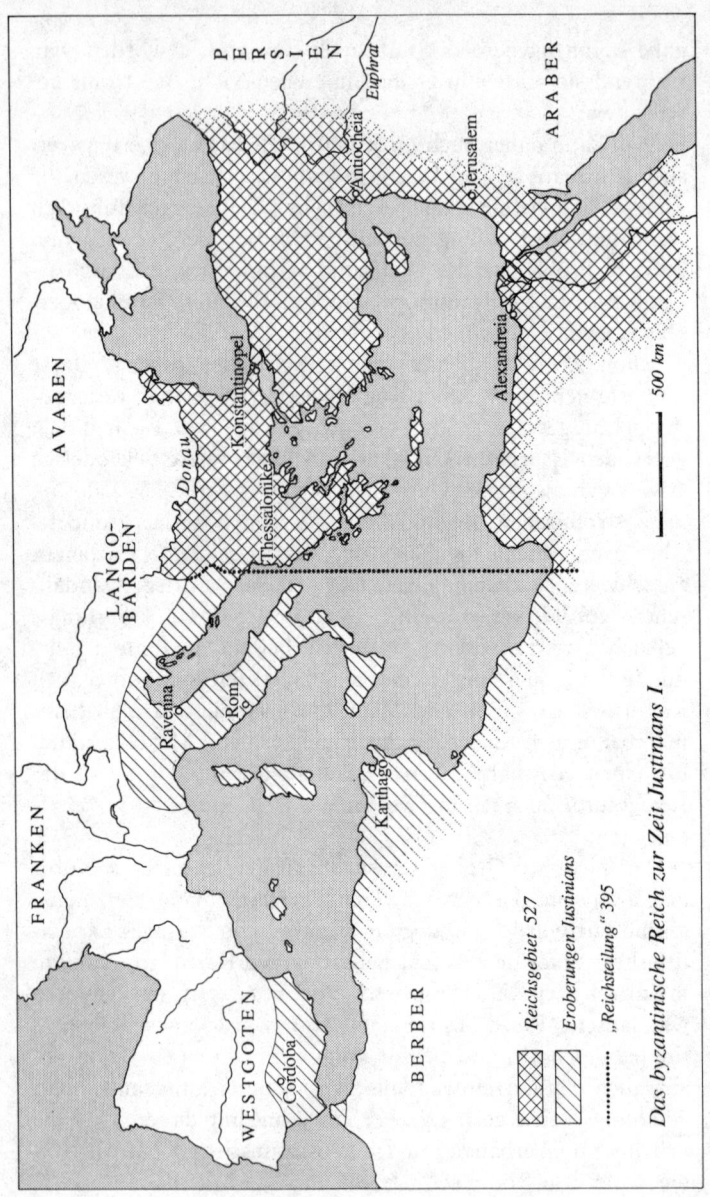

Das byzantinische Reich zur Zeit Justinians I.

Reichsgebiet 527

Eroberungen Justinians

„Reichsteilung" 395

500 km

PERSIEN
Euphrat
ARABER
Antiocheia
Jerusalem
Alexandreia
AVAREN
Konstantinopel
Donau
Thessalonike
LANGO-BARDEN
Ravenna
Rom
Karthago
FRANKEN
WESTGOTEN
Cordoba
BERBER

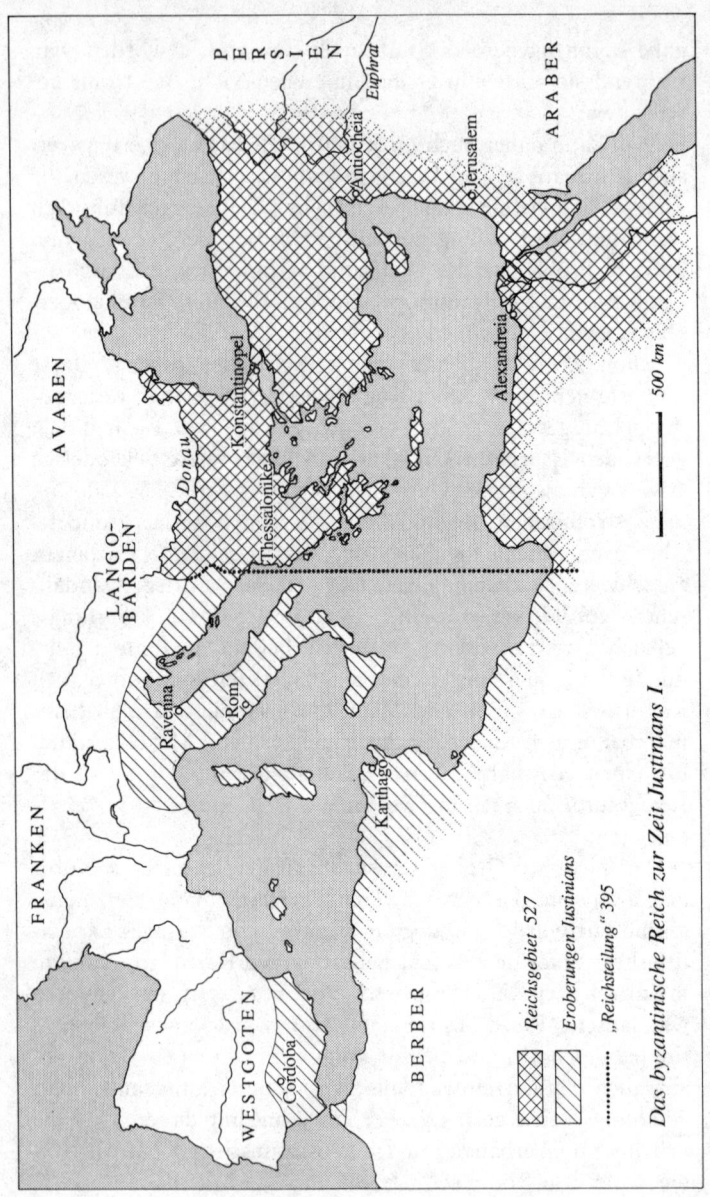

40

Dieser Erfolg machte Appetit auf mehr: 535 zog Belisar gegen die Ostgoten, die seit dem Tod des großen Theoderich ebenfalls von Thronstreitigkeiten heimgesucht wurden. Er landete in Sizilien, setzte nach Italien über und unterwarf in einem kurzen Siegeszug fast die gesamte Halbinsel. Die Goten verzweifelten selbst an weiterem Widerstand und lieferten ihm ihre Hauptstadt Ravenna aus, wo Belisar unter Bruch der von ihm eingegangenen vertraglichen Verpflichtungen den ostgotischen König Witigis gefangennahm und nach Byzanz schaffen ließ. Die Beseitigung der letzten ostgotischen Widerstandsnester schien nur noch eine Frage der Zeit zu sein. Belisar wurde von Justinian, der fürchtete, daß sein General aufgrund dieser Erfolge zu einer Bedrohung für ihn selbst werden könnte, nach Konstantinopel zurückgerufen.

Dieser Rückruf war auch aus einem anderen Grund nötig, denn die Gebundenheit der oströmischen Truppen im Westen hatte einen anderen Gegner auf den Plan gerufen. Im Osten erlebte das Perserreich unter Chosrau I. Anuschirwan eine Renaissance und nutzte die günstige Gelegenheit für einen Angriff gegen seinen alten Rivalen. 540 fiel völlig überraschend Antiocheia, das in dieser Zeit zu den wichtigsten Städten des Reiches zählte und einzig hinter Konstantinopel zurückstand. Dieser Angriff, der möglicherweise in Absprache mit den Ostgoten stattfand, die eine Gesandtschaft nach Ktesiphon, der persischen Kapitale, geschickt hatten, traf Ostrom unvorbereitet, und die Lage konnte nur mit Mühe bereinigt werden. Justinian mußte sich zu jährlichen Zahlungen bereitfinden, um den Frieden wiederherstellen und seine westlichen Eroberungen abschließen zu können.

Unterdessen hatten die Ostgoten ihrerseits die Situation ausgenutzt und ihre nach dem Fall Ravennas versprengten Truppen wieder gesammelt. Unter ihrem neuen König Totila eroberten sie – mit Ausnahme von Ravenna – fast ganz Italien zurück, und es sollte über ein Jahrzehnt dauern, bis es dem oströmischen Feldherrn Narses gelang, nach schweren Kämpfen die Reste der ostgotischen Verbände am Vesuv einzuschließen, wo sie endlich, nach dem Tod ihres letzten Königs Teja, kapitulierten.

Wenig später gelang es dem Reich sogar, im fernen westgotischen Spanien wieder Fuß zu fassen und dort eine Provinz mit der Hauptstadt Kordoba einzurichten. Mehr war allerdings nicht möglich, und die Besitzungen in Spanien blieben während ihrer kurzen Existenz immer ein Zuschußgeschäft, eher eine Sache des Prestiges als von tatsächlichem Nutzen.

Justinian sah sich als Erneuerer des Römischen Reiches, und er beschränkte dies nicht auf die Rückeroberung der verlorenen Reichsteile, sondern suchte das Reich auch im Inneren zu reformieren. Auf seine Anordnung hin entstand das *Corpus Iuris*, eine Sammlung aller Gesetze und Entscheide bis in seine eigene Zeit. Während die Digesten im wesentlichen eine Kompilation aus früheren Rechtskodifikationen darstellen, besonders aus dem sog. *Codex Theodosianus*, bilden die etwas später entstandenen Novellen eine systematische Sammlung zeitgenössischer Rechtsprechung, die im Gegensatz zu den lateinischen Digesten auf Griechisch niedergelegt wurden.

Auch im religiösen Bereich wurde Justinian tätig. Das Grundproblem konnte er allerdings nicht lösen, auch wenn er geradezu janusköpfig einmal die Monophysiten und dann wieder die Orthodoxen zu unterstützen schien. Besonders in den Orientprovinzen blieb der Monophysitismus einflußreich, zum Teil wohl auch aus Opposition gegen Konstantinopel, dessen unsystematische Einigungsversuche die Spannungen eher noch verschärften. Als weniger problematisch erwiesen sich die „Heiden", denen der Kaiser durch die Schließung der Athener Akademie 529 einen schweren Schlag versetzte. Mit dem Bau der Hagia Sophia setzte der Kaiser sich ein weiteres Denkmal – bis zum Neubau des Petersdoms in Rom ein gutes Jahrtausend (!) später die mit Abstand größte Kirche der Christenheit.

Man kann also wohl unwidersprochen die Regierungszeit Justinians als den Höhepunkt der „römischen Periode" des byzantinischen Reiches bezeichnen. Noch einmal wurden alle Kräfte des Reiches gebündelt, noch einmal alle Stärken zusammengefaßt, die grundlegenden Schwächen freilich blieben bestehen. Auf dem Land verstärkte sich die Bedrückung durch die Großgrundbesitzer, und auch in den wenigen großen Städten wuchsen Elend und Unzufriedenheit, die sich jederzeit entladen konnten. Der große Nikaaufstand 532 in Konstantinopel, der nur in Strömen von Blut ertränkt werden konnte, ist hierfür ein Beispiel. Zu grundlegenden Reformen allerdings konnte Ostrom sich nicht aufraffen. Freilich wurden diese Risse im Fundament dadurch übertüncht, daß das Reich immer noch zu partiellen Erfolgen gegenüber den schwächeren Nachbarn in der Lage war. Man hat daher manchmal gegenüber Justinian den Vorwurf erhoben, daß er die Zeichen der Zeit nicht erkannt und zu rückwärtsgewandt agiert habe. Aber das übersieht das damalige Selbstverständnis der Byzantiner, das sich eben ausschließlich an Rom orientierte. Bezeichnend ist die Feststellung des zeitgenössischen Historikers Agathias: Justinian sei seit langer Zeit der erste römische Kaiser, der Rom nicht nur dem Namen nach, sondern auch in der Realität regiert habe! Genau das war es, was man damals in Byzanz von einem Kaiser erwartete. Erst der Zusammenbruch der justinianeischen Restauration nach dem Tod des Kaisers machte deutlich, daß diese Großmachtpolitik die Kräfte des Reiches überstieg, und auch diese Einsicht kam nicht freiwillig, sondern wurde durch die Umstände erzwungen.

Bereits der Nachfolger Justinians, sein Neffe Justin II., mußte das Steuer herumwerfen, da das Reich vor dem finanziellen Kollaps stand. Zunächst kündigte er die jährlichen Zahlungen an Persien, was zum sofortigen Kriegsausbruch führte und Byzanz im Endeffekt mehr kosten sollte, als es bei der Beibehaltung der Zahlungen der Fall gewesen wäre. Allerdings wäre dieser Krieg wohl in jedem Fall unausweichlich gewesen, denn die Probleme, vor die Ostrom sich an praktisch allen Fronten gestellt sah, mußten ein ambitioniertes Persien geradezu einladen, sich seinerseits ein Stück aus dem byzantinischen Kuchen herauszuschneiden.

Denn schon 568 wichen die Langobarden, die bis dahin als Nachbarn des Reiches auf dem Balkan an Donau und Drau gesessen hatten, der wachsenden Macht der Awaren aus und brachen in das vergleichsweise reiche Italien ein, wo sie auf wenig Widerstand stießen und binnen kurzem ganz Norditalien einnahmen. Das Reich konnte mit Mühe den Apenninenkamm halten, und auch das nicht vollständig.

Den Abzug der Langobarden nutzte Justin II., um das kleine Gepidenreich zu zerschlagen und das feste Sirmium zurückzugewinnen, eine der Schlüsselstellungen an der Donaugrenze. Aber das Machtvakuum, das die Langobarden hinterlassen hatten, wurde rasch von den Awaren gefüllt, in deren Gefolge auch zahlreiche slawische Stämme gegen die Grenze drängten.

Es ist nicht notwendig, alle Einzelheiten dieser Kriege zu behandeln. Ostrom war jedenfalls nicht in der Lage, allen Gegnern gleichermaßen entgegenzutreten. Im Osten konnte es den Krieg zwar auf die Grenzregionen beschränken, aber die Beanspruchung führte dazu, daß Italien sich selbst überlassen blieb. Ein Gegenschlag gegen die Langobarden war so kaum möglich. Ähnlich verhielt es sich mit den Awaren und Slawen. Hier konnten die oströmischen Truppen zwar im wesentlichen die Donaugrenze halten. Diese wurde aber immer durchlässiger, so daß der paradoxe Fall eintrat, daß Ostrom zwar die Grenze kontrollierte, unterdessen aber im Hinterland die Autorität des Reiches durch die massenhafte Ansiedlung slawischer Stämme nachhaltig untergraben wurde. Die Grenzregion, die erst zwischen 610 und 620 völlig verlorengehen sollte, war so gleichsam ein Deich, dessen Vor- und Hinterland überschwemmt worden war. Größere Einfälle waren ohnehin kaum zu verhindern, und selbst eine Stadt wie Thessalonike, eigentlich weit von den Reichsgrenzen entfernt, mußte 584 und 586 schwere Angriffe über sich ergehen lassen, auch wenn sie letztlich standhielt.

Erst unter Kaiser Maurikios begann Ostrom, sich auch administrativ auf die veränderten Verhältnisse einzustellen. Die fernen Westprovinzen Italien und Afrika wurden als selbständige Provinzen (Exarchate) eingerichtet, deren Statthalter (Exarchen) größere Vollmachten hatten als die „normalen" Gouverneure. Vor allem führten sie auch das Kommando über die in den Exarchaten stationierten Truppen. Auf Hilfe aus

Konstantinopel konnten sie kaum zählen. Das bedeutete, daß Byzanz seine Westprovinzen mehr oder weniger sich selbst überließ, um sich – notgedrungen – auf den Osten zu konzentrieren. Dort vernachlässigte Maurikios zunächst den Balkan und intensivierte den persischen Krieg. Hier hatte Ostrom endlich Erfolg, denn auch die Perser waren von den langen Kriegsanstrengungen erschöpft. Es kam zu einem Bürgerkrieg, in dem die „legitime" Partei an Ostrom appellierte und mit dessen Hilfe schließlich auch gewann. 591 wurde Frieden zwischen beiden Reichen geschlossen, und Maurikios konnte sich fortan dem Balkan widmen.

Über diese Kämpfe sind wir nicht gut unterrichtet. Die byzantinischen Chronisten behaupten, der Kaiser habe kurz vor dem endgültigen Triumph auch über die Awaren gestanden, als die Meuterei der Donauarmee ihn gestürzt und so um den Sieg gebracht habe. Aber diese Quellen sind allesamt dem Usurpator und neuen Kaiser Phokas sehr feindlich gesinnt und neigen daher dazu, die Verdienste des Maurikios zu übertreiben. Tatsächlich muß man wohl davon ausgehen, daß Maurikios mit seinem Versuch, die Balkanprovinzen zurückzugewinnen, die Kraft des Reiches – ohnehin erschöpft von dem langen Krieg gegen Persien – überfordert hat. Die römischen Truppen operierten hier praktisch in einem menschenleeren Raum, der seit Generationen durch die ständigen Kriege und die damit verbundenen Plünderungen und Verwüstungen ausgelaugt und ruiniert war. Beute war dort kaum zu holen, der Gegner zudem beweglich und schlagkräftig. Die Truppen Konstantinopels, die sich fast ausschließlich aus Söldnern zusammensetzten, waren diesem Krieg nur mit Einschränkungen gewachsen, wurden außerdem häufig schlecht geführt und litten unter Versorgungsschwierigkeiten, da sie kaum noch aus dem ruinierten Land selbst leben konnten. Die Meuterei von 602, ohnehin nur die letzte in einer langen Reihe von ähnlichen Unruhen, ist kaum allein der Unbeliebtheit des Maurikios anzulasten, der diesen Krieg weiterzuführen entschlossen war, sondern resultierte eher aus der Überforderung, der die Truppen sich ausgesetzt sahen.

Allerdings sollte der Sturz des Maurikios das Reich weiter zermürben, da sein Nachfolger Phokas auf mehr Widerstand stieß, als zu erwarten gewesen wäre. Er war wohl nicht so unfähig, wie die ihm feindlich gesinnten byzantinischen Quellen behaupten. Aber er konnte auch nicht verhindern, daß die Perser, die eine Gelegenheit zur Revanche sahen, ihrerseits den Krieg wieder aufnahmen und daß es auch im Inneren zu Auseinandersetzungen kam. Als Phokas 610 von Herakleios gestürzt wurde, war die Lage auf dem Balkan jedenfalls katastrophal, in Kleinasien waren die Perser in der Offensive, und das byzantinische Italien war auf sich allein gestellt.

Der neue Kaiser, der ja gleichfalls den Thron durch eine Usurpation gewonnen hatte, befand sich in einer geradezu verzweifelten Lage, zumal seine Position auch noch dadurch geschwächt wurde, daß er sich einerseits gegen die verbliebenen Phokastruppen und andererseits gegen die Perser zu wehren hatte. Die Phokasanhänger konnte er schließlich nach der Ermordung ihres Anführers, eines Bruders des Phokas, auf seine Seite ziehen. Gegen die Perser hatte er keinen Erfolg. Er wurde im Gegenteil von ihnen geschlagen, und Ostrom verlor als Folge dieser Niederlage ganz Syrien, Palästina und vor allem Ägypten. Das Reich schien vor seinem Ende zu stehen.

IV. Überlebenskampf.
Das 7. und 8. Jahrhundert

1. Kampf gegen Perser und Araber:
Die Regierung des Herakleios (610–641)

Das erste Jahrzehnt der Regierungszeit des Herakleios war von Katastrophen geprägt: Auf dem Balkan, der ohnehin in jahrzehntelangen Kriegen und Plünderungen verwüstet worden war, fielen nach Ausweis der Münzfunde jetzt auch die letzten inländischen Städte und Befestigungen im Grenzgebiet. Die Autorität des Reiches beschränkte sich auf die Küstenregionen, und selbst dort war das Leben nicht mehr sicher. Noch folgenschwerer war die Niederlage des Kaisers gegen die Perser kurz nach seinem Herrschaftsantritt. Herakleios mußte sich jetzt notgedrungen ganz auf Konstantinopel konzentrieren, um überhaupt seinen Thron halten zu können. Die Verteidigung gegen die Perser brach mehr oder weniger zusammen. Die persischen Verbände verschmähten zunächst das wirtschaftlich nicht so wichtige Kleinasien und warfen sich statt dessen auf die reichen und von den Kriegswirren bisher nur wenig berührten Provinzen Syriens und Ägyptens: 619 hatten sie das Nilland erobert und drangen in der Folge bis in die Cyrenaica hinein vor. Ob sie auch das Exarchat Karthago angegriffen und eingenommen haben, geht aus den Quellen nicht hervor. Es dürfte jedoch eher unwahrscheinlich sein.

Für Konstantinopel bedeutete der Verlust Ägyptens eine Katastrophe. Nicht umsonst vermerkt ein Chronist schon für das nächste Jahr eine Hungersnot. Außerdem können wir annehmen, daß die Staatsfinanzen zusammenbrachen. In seiner Not legte Herakleios sogar Hand an die Kirchenschätze, um wenigstens ein einigermaßen schlagkräftiges Heer aufstellen zu können. Zu Hilfe kam ihm, daß die Perser in Kleinasien nur sporadisch erschienen waren. Dennoch war die Lage so verzweifelt, daß der Kaiser 622/23 als letzte Maßnahme selbst ins Feld rückte, um den Kampf persönlich zu leiten. Daß dies tatsächlich ein Verzweiflungsakt gewesen sein muß, zeigt sich daran, daß Herakleios der erste Kaiser seit über zweihundert Jahren war, der seine Truppen in eigener Person auf einem Feldzug geführt hat. Später wurde dies nachgerade zur Regel, aber zu seiner Zeit war es außergewöhnlich.

Der Sieg des Kaisers über die Perser nach rund sieben Jahren Krieg war sowohl für seine Zeitgenossen wie auch für die moderne Forschung kaum rational erklärbar und hat demzufolge auch diverse Theorien hervorgebracht, die aber alle daran leiden, daß sie aufgrund des Fehlens konkreter Nachrichten nicht beweisbar sind, sondern der Spekulation Tür und Tor öffnen. Immerhin läßt sich wohl feststellen, daß Herakleios ein außergewöhnlicher Feldherr und charismatischer Führer gewesen sein muß. Für die tiefgreifende Verwaltungsreform, die ihm gleichermaßen zugeschrieben wird – sozusagen als Vorbedingung für seinen Erfolg – fehlen hingegen nach wie vor überzeugende Beweise, so daß diese These abgelehnt werden muß.

Daß dieser Feldzug ein wahres Hazardspiel gewesen ist, zeigt sich schon daran, daß Herakleios 626 seine Hauptstadt Konstantinopel einer Belagerung durch die vereinten Truppen von Slawen, Awaren und Persern überlassen mußte, während er selbst im fernen Armenien kämpfte. Wäre die Stadt gefallen oder wäre seine Armee auch nur ein einziges Mal ernsthaft geschlagen worden, hätte dies das Ende für Byzanz bedeutet. So hatte er Glück: Auch die Perser waren des langen Krieges überdrüssig geworden. Als die byzantinischen Erfolge ihn noch weiter in die Länge zogen, ohne daß ein Ende abzusehen gewesen wäre, kam es zu Unruhen und schließlich zum Sturz des Großkönigs und zu Nachfolgekämpfen in Persien. 629 schlossen beide Parteien Frieden, und Byzanz erhielt Syrien, Palästina und Ägypten zurück.

Dennoch war das Reich erschöpft und seine finanzielle Lage zerrüttet, so daß auch die Militärausgaben eingeschränkt werden mußten. Eine lange Erholungspause wäre notwendig gewesen, um wieder zum Zustand am Ende der Regierungszeit des Maurikios zu gelangen. Allein diese Ruhepause gab es nicht. Bereits fünf Jahre nach dem Sieg über Persien sah Byzanz sich einem neuen Gegner gegenüber, dem es wenig entgegenzusetzen hatte: den Arabern.

Der arabische Raum war in der Spätantike eine eher vernachlässigte Randzone. Ökonomisch spielte er nur eine untergeordnete Rolle, und auch militärisch hatten Rom und später Ostrom hier kaum etwas zu befürchten. Im 6. Jahrhundert erlangten die Ghassaniden auf byzantinischer und die Lachmiden auf persischer Seite eine gewisse Bedeutung, die aber lokal begrenzt blieb. Der Aufstieg des Islam hingegen, der erst nach der Flucht des Propheten Mohammed von Mekka nach Medina 622, der sogenannten Hedschra, einsetzte, und die durch ihn bewirkte Vereinigung der arabischen Stämme vollzogen sich quasi unbemerkt im Schatten der persisch-byzantinischen Auseinandersetzungen.

Nach dem Tod Mohammeds 632 kam es zunächst zu heftigen Kämpfen zwischen den Arabern selbst, die eine Bedrohung von dieser Seite noch unwahrscheinlicher erscheinen ließen. 634 fanden erste kleinere Einfälle der Araber auf byzantinisches Gebiet statt, die von den Byzantinern zunächst nicht ernstgenommen wurden. Erst als sie sich verstärkten, reagierte Konstantinopel und entsandte ein großes Heer, das aber von den Arabern 636 am Jarmuk vernichtend geschlagen wurde. Damit war der byzantinische Widerstand, kaum daß er eingesetzt hatte, gebrochen: Die Araber nahmen in rascher Folge Damaskus, Jerusalem und Antiocheia ein, wenig später standen sie vor den Toren Ägyptens, das 642 von ihnen erobert wurde. Die glänzenden Erfolge des großen Kampfes gegen Persien waren kaum zehn Jahre nach dem byzantinischen Triumph wieder zunichte.

2. Verteidigung Kleinasiens (641–750)

Die folgenden hundert Jahre waren von einem fast ununterbrochenen Abwehrkampf gegen die Araber geprägt, die, wenn sie nicht von inneren Unruhen abgelenkt wurden, fast Jahr für Jahr in Kleinasien einfielen, dort nach Belieben überwinterten und selbst Konstantinopel zweimal belagerten: 674 bis 678 und 717/18, wenn auch beide Male ohne Erfolg. Überraschenderweise hielt Byzanz diesem Druck stand, während andere Staaten, wie beispielsweise Persien und selbst das ferne Westgotenreich dem islamischen Ansturm binnen kurzem erlagen, obwohl sie von dem arabischen Machtzentrum weiter entfernt lagen als Byzanz.

Eine befriedigende Erklärung für das byzantinische Standhalten gibt es nicht. Immerhin seien einige Faktoren genannt, die eine Rolle gespielt haben werden. Geographisch gesehen ist dies vor allem der Gebirgszug von Taurus und Antitaurus, der Kleinasien von Syrien/Mesopotamien trennt, nur wenige problemlose Pässe aufweist und im Winter nur unter Schwierigkeiten zu überwinden ist. Das hatte zur Folge, daß die Araber zwar nahezu jedes Jahr nach Kleinasien einfallen konnten, daß aber dabei kleinere Überfälle relativ selten waren. Da es sich in der Regel also um größere Truppenabteilungen handelte, die in die Romania eindrangen, war es bei rechtzeitiger Warnung im allgemeinen möglich, die Bevölkerung der betroffenen Gebiete entweder in unzugängliche Regionen zu evakuieren oder in den Städten und Festungen in Sicherheit zu bringen.

Daneben ist eines auffällig: Die Araber waren zwar im offenen Feld fast unüberwindbar, aber Festungen gegenüber doch relativ hilflos. Worauf ihre Überlegenheit im Kampf letztlich zurückging, ist schwierig zu sagen. Es mag der Kampfgeist gewesen sein, weil sie zumindest teilweise ja durch ihren islamischen Glauben motiviert wurden, der die Unterwerfung der Ungläubigen forderte. Zum Teil lag es wohl auch an ihrer größeren Beweglichkeit, da sie im allgemeinen in großen, leichter bewaffneten Kavallerieeinheiten operierten, die an Schnelligkeit den byzantinischen Truppen überlegen waren, aber bei längerem Aufenthalt regelmäßig in Versorgungsschwierigkeiten gerieten. Zwar konnten die arabischen Truppen fast jede byzantinische Stadt Kleinasiens im Lauf der Zeit erobern, aber die Abstände zwischen den einzelnen Eroberungen waren doch recht groß, so daß es den Byzantinern immer wieder gelang, ihre Städte und Festungen nach dem arabischen Abzug wieder aufzubauen. Denn der Taurus verhinderte die kontinuierliche Versorgung der eingefallenen Truppen vom arabischen Machtbereich her, und so mußten die Invasoren sich in der Regel mit Ablauf der Feldzugsaison wieder zurückziehen. Überwinterungen hätten einen Kräfteaufwand erfordert, der nicht immer möglich war und von den aufgebotenen Truppen auch nicht gern auf sich genommen wurde. Überwinterte tatsächlich aber einmal eine Truppe in der Romania, so lief sie Gefahr, von den Byzantinern isoliert und aufgerieben zu werden.

Aus diesen Gegebenheiten resultierte die byzantinische Strategie: Man vermied die offene Feldschlacht, in der man unterlegen war, verstärkte aber den Ausbau von Festungen und Städten, in die sich die Bevölkerung flüchtete, wenn sie von der Annäherung feindlicher Truppen erfuhr, und suchte die Invasoren mit einer Art Guerillataktik zu beunruhigen, so daß diese relativ eng beieinanderbleiben mußten und nicht zu große Landstriche verwüsten konnten. Der Erfolg der byzantinischen Gegenmaßnahmen zeigt sich daran, daß es den Arabern trotz ihrer grundsätzlich weiter bestehenden militärischen Überlegenheit nicht gelang, dauerhaft in Kleinasien Fuß zu fassen.

Die Kämpfe lassen sich ungefähr in drei Perioden einteilen: In der ersten, von ca. 640 bis 680, war die arabische Überlegenheit eklatant: Die Invasoren durchzogen Kleinasien nach Belieben und konnten auch relativ häufig überwintern. Byzantinische Abwehrerfolge waren selten, selbst zur See zeigten sich die Araber nach der Seeschlacht am Phönixvorgebirge in Lykien 655 überlegen. Höhepunkt dieser Phase war die erste arabische Blockade Konstantinopels 674–678, die von den Griechen allerdings abgewehrt werden konnte, nicht zuletzt dank der Hilfe des „Griechischen Feuers", dem die arabischen Schiffe nichts entgegenzusetzen hatten.

Es folgte eine gewisse Pause, weil es im Kalifat zum Bürgerkrieg kam. Byzanz nutzte dies, um seine desolate Position auf dem Balkan etwas zu verbessern, war aber auch danach den Arabern nicht gewachsen. Als die Kämpfe ab 693 wieder aufflammten, geriet das Reich schnell in die Defensive, wozu allerdings auch innere Auseinandersetzungen beitrugen, die in zahlreichen Kaiserstürzen ihren Ausdruck fanden (zwischen 695 und 717 allein sieben). 697/98 fiel das byzantinische Nordafrika, und ab 705/06 begannen die Araber wieder, ihre Angriffe auf Kleinasien zu intensivieren. Höhepunkt und Abschluß bildete auch hier ein Angriff auf Konstantinopel 717/18, der von Kaiser Leon III. nur mit großer Mühe und letztlich mit bulgarischer Hilfe abgewehrt werden konnte.

In der dritten Phase, die von etwa 720 bis in die vierziger Jahre des Jahrhunderts dauerte, stellen wir zwar immer noch Einfälle fest, oft auch mehrere pro Jahr, aber sie trafen nunmehr auf stärkere Gegenwehr und scheinen auch kaum noch zu dem Verlust von Städten oder Festungen geführt zu haben. Im Osten gelang es den Griechen, mit den Khazaren nördlich des Kaukasus Verbindung aufzunehmen – Leon III. verheiratete seinen Thronfolger mit einer khazarischen Prinzessin –, die ihrerseits den Arabern einige Niederlagen bereiten konnten. 740 gelang den Byzantinern bei Akroïnon ein größerer Sieg. Wenig später setzte der große arabische Bürgerkrieg ein, der zur Ablösung der Omaijaden durch die Abbasiden führte und die arabischen Kräfte für fast eineinhalb Jahrzehnte lähmen sollte. Die schwerste Bedrohung Kleinasiens war damit vorüber.

3. Konsolidierung (750–843)

Es mag den Anschein haben, als ob wir die Entwicklung auf dem Balkan vernachlässigt hätten. Aber dem ist nicht so: Es gab keine! Seit dem Zusammenbruch der Verteidigung zu Beginn der Regierungszeit des Herakleios kann von einem byzantinischen Balkan kaum noch gesprochen werden. Das Reich klammerte sich an einige Küstenregionen sowie isolierte Küstenstädte, das Innere entschwand völlig aus dem Blickfeld der Kaiser, die sogar Mühe hatten, die Landverbindung zwischen Konstantinopel und Thessalonike einigermaßen freizuhalten. Als Kaiser Konstantin IV. nach der glücklichen Abwehr des ersten arabischen Angriffs auf Konstantinopel versuchte, wenigstens im thrakischen Raum die Reichsautorität wiederherzustellen, stieß er auf einen neuen Stamm, die Bulgaren, die seine Truppen schlugen und im östlichen Balkan einen eigenen Staat errichteten, der sich für Byzanz als gefährlicher Gegner, aber auch als Verbündeter erweisen sollte. Griechenland und selbst die Peloponnes wurden von unabhängigen Slawenstämmen bewohnt, allenfalls in einigen isolierten Punkten, wie beispielsweise Korinth, Athen oder dem fast uneinnehmbaren Monembasia, hielten sich die Griechen.

Dieser Zustand änderte sich nach 750, als der arabische Bürgerkrieg den Kaisern die Möglichkeit gab, sich auch anderen Problemen als der Verteidigung Kleinasiens zuzuwenden. Konstantin V. wandte sich besonders gegen die Bulgaren, die er in einer Serie von Feldzügen bis an den Rand der Unterwerfung brachte. Allerdings verhinderte die allmähliche Wiederaufnahme der arabischen Angriffe eine ausschließliche Konzentration auf die balkanischen Belange des Reiches, so daß die Bulgaren nach dem Tod des Kaisers 775 eine Atempause erhielten, in der sie sich wieder erholen konnten. In den neunziger Jahren waren die Bulgaren wieder so stark geworden, daß sie ihrerseits zum Angriff übergehen und den Byzantinern einige schwere Niederlagen zufügen konnten, von denen die katastrophalste unzweifelhaft diejenige von 811 war, bei der sogar der byzantinische Kaiser Nikephoros I. fiel: Der erste Tod eines Kaisers auf dem Schlachtfeld seit Valens 378. Erst danach kam es zu einem Abflauen der Kämpfe und zu einem mehr oder weniger friedlichen Nebeneinander, das auch die Christianisierung der Bulgaren und damit ihre endgültige Einbeziehung in die byzantinische Welt ermöglichte.

In Griechenland begann Byzanz ebenfalls erst im letzten Viertel des 8. Jahrhunderts damit, seine Position zu verbessern. Die Peloponnes kehrte zu Beginn des 9. Jahrhunderts unter die Oberhoheit des Reiches zurück. Auf den Inseln erlitt Byzanz allerdings einen schweren Rückschlag, als die Araber in den zwanziger Jahren mit der Eroberung Siziliens begannen, die sich bis zum Beginn des 10. Jahrhunderts hinziehen sollte, und darüber hinaus Kreta eroberten, das erst 960/61 zurückgewonnen werden konnte. Für die Bewohner der Inseln und der Küstengebiete der Ägäis sollten damit schwere Zeiten anbrechen.

Gegenüber den Arabern erwiesen die Griechen sich, alles in allem genommen, auch in dieser Zeit noch als unterlegen, aber es gab doch auch immer öfter byzantinische Erfolge, zur See ebenso wie zu Land, so daß die Existenz des Reiches nicht mehr gefährdet schien. Vor allem nach dem Tod Harun al Raschids 809, als das Kalifat wieder einmal im Bürgerkrieg versank, erhielt Byzanz eine Atempause, die es angesichts der Bulgarenkriege und ebenso aufgrund eines schweren Bürgerkriegs zu Beginn der zwanziger Jahre auch dringend benötigte. Insgesamt gesehen wirkt das Reich gegen Ende der Regierungszeit des Theophilos (829–842) militärisch einigermaßen gesichert und wirtschaftlich konsolidiert.

4. Administrative und gesellschaftliche Entwicklung

Es bedarf keiner großen Beweisführung, um zu zeigen, daß Byzanz nach dem Verlust Syriens und vor allem Ägyptens finanziell und ökonomisch am Boden war. Ägypten war die mit Abstand reichste Provinz des Reiches gewesen, die noch dazu von äußeren Feinden kaum, wenn überhaupt, heimgesucht worden war. Daß Herakleios trotz des Verlustes dieser Provinz den Krieg gegen Persien so erfolgreich führen konnte, daß das Perserreich am Sieg verzweifelte und es in der Folge zu einem Umsturz kam, den Byzanz zu einem Friedensschluß nutzen konnte (welcher der ihm mehr oder weniger den status quo des von Maurikios 591 abgeschlossenen Friedens sicherte), erschien vielen Zeitgenossen wunderbar, nicht zuletzt noch heute vielen Byzantinisten. So sind die Erklärungsversuche mannigfaltig, ohne jedoch zu überzeugen. Eine lange favorisierte These besagt, daß Herakleios ein neues Verwaltungs- und Rekrutierungssystem eingeführt habe, die sogenannte Themenorganisation. Es ist allerdings kaum einsichtig, was eine Verwaltungsreform in der gegebenen Lage hätte real bewirken können, ganz zu schweigen von der damals angeblich erfolgten Ansiedlung der Soldaten, für die die Quellen – außer in der Phantasie mancher Forscher – nichts hergeben. Wir werden wohl weiter davon ausgehen müssen, daß Herakleios ein großer Feldherr gewesen ist, der in einer – nicht zuletzt durch seine eigene Schuld verursachten – verzweifelten Lage ungeahnte Führungsqualitäten entwickelte und darüber hinaus ein beinahe unverschämtes Glück gehabt hat.

Im Gegenteil wirkt die byzantinische Administration während des siebten Jahrhunderts eher erstarrt, so als ob die Zentralverwaltung geradezu paralysiert von der Vielzahl der auf sie einstürzenden Katastrophen gewesen wäre. Es hat den Anschein, daß die Entwicklung sich mehr oder weniger verselbständigt hat und unabhängig von zentral gesteuerten Reformbemühungen abgelaufen ist. Zu bedenken ist hierbei, daß für viele „alte" Familien mit dem Verlust der Orientprovinzen und des Balkans sowie den ständigen Zerstörungen innerhalb Kleinasiens die wirtschaftliche und finanzielle Basis zusammengebrochen sein muß. Die Folge war, daß sie an Einfluß verloren, ja bis zur Bedeutungslosigkeit reduziert waren, auch wenn einige sich in Konstantinopel noch länger gehalten haben mögen.

Die „neue" Gesellschaft macht, soweit wir sie überhaupt genauer analysieren können, einen wesentlich militärischer orientierten Eindruck als die Gesellschaft des 5. und 6. Jahrhunderts. Das Militär wurde zum beherrschenden Faktor, die einstigen „städtischen" Eliten hielten sich nur noch in Konstantinopel, während die anderen Städte auf den Status von befestigten und trotzdem dauernd gefährdeten Kleinstädten herabsanken, in denen die „städtische" Zivilisation der Spätantike nicht weiter aufrechterhalten werden konnte.

Daneben führte die Finanznot der Kaiser aber auch zu direkten militärischen Problemen. Das Söldnerheer der Spätantike konnte man unter den gegebenen Bedingungen nicht mehr im alten Umfang unterhalten, auch wenn der Bedarf im 7. Jahrhundert eher größer als kleiner geworden sein dürfte. Es hat zwar noch weiter Söldner gegeben, aber jetzt in der Tat eher auf einige Eliteregimenter beschränkt. Daneben kam es in ganz Kleinasien als Folge des ständigen arabischen Drucks zu einer enormen Militarisierung, da die Soldaten nun auch im Landesinneren die lokale Verteidigung übernehmen mußten. Während man in der Spätantike die Soldaten, wenn es sich nicht um ausländische Söldner handelte, prinzipiell außerhalb ihrer Heimatprovinzen und ohnehin fast ausschließlich in den Grenzregionen eingesetzt hatte, war dies jetzt offenbar kaum noch möglich. Die Folge war eine stärkere Verwurzelung der Truppen in ihren Stationierungsgebieten.

Im Lauf der Zeit führte dies dazu, daß Soldaten nicht selten zu ansässigen Landbesitzern wurden, die ihr Land selbst bebauten oder doch zumindest bebauen ließen. Die Zentralregierung, die ohnehin Schwierigkeiten mit der Bezahlung der Soldaten hatte, ließ dies mehr oder weniger geschehen, auch wenn dies formal zunächst weiterhin verboten blieb. Aber spätestens im Laufe des 8. Jahrhunderts hatte sie die Entwicklung so weit akzeptiert, daß der soldatische Landbesitz schon in der Gesetzgebung auftauchte. Später entwickelte sich dies dahingehend, daß der Soldat aus den Erträgen seiner Besitzungen selbst seine Ausrüstung zu finanzieren hatte und daß sein Kriegsdienst de facto an seinen Landbesitz gekoppelt war, den die Regierung im Gegenzug vor dem Zugriff der „Mächtigen" zu schützen suchte. Aber dies sollte erst im 10. und 11. Jahrhundert der Fall sein, während wir im siebten Jahrhundert eher den Beginn einer Entwicklung sehen, die sich ohne bewußte Planung unter dem Zwang der Verhältnisse vollzog.

Eine direkte Reaktion auf die militärische Situation können wir allerdings relativ deutlich feststellen: Die frühere Teilung von Zivil- und Militärverwaltung verschwand, allerdings auch dies nicht aufgrund eines konkreten Befehls, sondern weil die Situation mit den permanenten feindlichen Einfällen und mit der daraus resultierenden dauerhaften Stationierung von Truppen in allen Teilen des Reiches von selbst zu einem Übergewicht des lokalen militärischen Befehlshabers führte. Dieser dominierte die Zivilverwaltung mehr und mehr, bis er sie schließlich als Abteilung in seinen eigenen Verwaltungsapparat eingliedern konnte. Das wurde auch dadurch erleichtert, daß die ersten Militärbezirke, die „Themen", sich jeweils über mehrere zivile Provinzen erstreckten und daß ihre Befehlshaber, die „Strategoi", damit fast automatisch ein Übergewicht erhielten. Die zivile Provinzordnung blieb zwar noch einige Zeit bestehen, scheint aber immer mehr Kompetenzen verloren zu haben. Die Prätorianerpräfektur hingegen verschwindet völlig aus unserem Gesichtsfeld, und auch die anderen großen Ämter verloren entweder an Einfluß oder konzentrierten sich nur noch auf Konstantinopel, wo ihre Träger mehr und mehr auf zeremonielle Funktionen reduziert wurden, während die tatsächlichen Befugnisse auf andere übergingen: oftmals auf früher untergeordnete Abteilungen der einst allumfassenden großen Ressorts.

5. Kulturelle und kirchliche Entwicklung

In einer von Religion bestimmten Welt, wo Erfolg und Mißerfolg unweigerlich mit göttlicher Belohnung für gutes und Strafe für schlechtes Verhalten verknüpft wurden, mußten die Katastrophen der ersten Hälfte des 7. Jahrhunderts unweigerlich auch Rückwirkungen im religiösen Bereich haben. Dies gilt nicht nur für die nachträgliche Beurteilung, sondern wohl auch für die Selbsteinschätzung, wie wir an der Person des Herakleios sehen können. Der Sieg über die Perser, die ja ein knappes Jahrzehnt zuvor Syrien, Palästina und Ägypten erobert hatten, mußte auf ihn wie eine Bestätigung wirken, und der triumphale Einzug in Jerusalem mit der Rückführung des von den Persern geraubten Kreuzes Christi ist für ihn sicher der Höhepunkt seiner ganzen Regierungszeit gewesen.

Im Umkehrschluß muß aber die anschließende Katastrophe auf ihn wie eine unverständliche Strafe gewirkt haben. Wir wissen, daß der Kaiser nach der Rückkehr aus Syrien nach Konstantinopel wie gelähmt wirkte und zeitweilig in Depressionen versank. Dennoch blieb er nicht tatenlos, und es ist in gewisser Hinsicht wohl bezeichnend, daß er erst jetzt, nach dem als Strafe Gottes empfundenen Verlust Syriens, auch auf religiösem Gebiet tätig wurde.

Wir haben schon im letzten Kapitel gesehen, daß die Kaiser der religiösen Strömungen nicht Herr geworden sind. Insbesondere die Monophysiten erwiesen sich als zu stark, um mit Gewalt unterdrückt zu werden, und die kaiserliche Politik des 6. Jahrhunderts schwankte demzufolge zwischen Gewalt und Duldung hin und her. Herakleios beschloß, das Problem von einer anderen Seite her anzugehen. In Zusammenarbeit mit seinem Patriarchen Sergios suchte er nach einer Kompromißformel und fand sie im sogenannten Monoenergetismus. Man erklärte, daß die Frage, ob Christus nun ein oder zwei Naturen in sich vereinige, eigentlich gleichgültig sei, da die aus ihnen resultierende Energie ein und dieselbe sei. Dieser Kompromiß stieß auf scharfen Widerstand, da er als zu monophysitennah angesehen wurde, und so milderte man ihn dahingehend ab, daß beide Naturen zumindest von einem einzigen Willen geleitet würden (Monotheletismus). Diese Formel wurde 638 feierlich verkündet, teilte aber das Schicksal jedes Kompromisses: Beide Seiten lehnten sie ab, so daß in Byzanz nun zeitweilig drei verschiedene Glaubenslehren miteinander kämpften.

Unter dem zweiten Nachfolger des Herakleios, Konstans II., versuchte man, den gordischen Knoten mit dem Schwert zu durchschlagen, und verbot kurzerhand jegliche Diskussion, natürlich ohne Erfolg. Immerhin griff Konstans, der die kaiserliche Position auch in der Kirche stärken wollte, scharf durch: Der römische Papst Martin I. wurde gefangengenommen und nach Cherson verbannt. Dem bedeutenden und allgemein verehrten Theologen Maximos Homologetes („der Bekenner") machte man den Prozeß und richtete ihn hin. Ein Ende der Diskussion erreichte man nicht. Dies geschah erst unter Konstans' Sohn und Nachfolger Konstantin IV. auf dem Sechsten Ökumenischen Konzil zu Konstantinopel 680/81 und auf einer elf Jahre später folgenden Synode, dem Trullanum, so genannt nach dem Kuppelsaal im kaiserlichen Palast, wo sie abgehalten wurde.

Ein Ende war auch hiermit nicht erreicht. Knapp fünfzig Jahre später erschütterte mit dem Ikonoklasmus die letzte der großen religiösen Auseinandersetzungen das Reich. Es hat zwar auch noch später Schismen und Häresien gegeben, aber sie erreichten nicht mehr die Tiefe und auch nicht die Intensität der Kämpfe um den Arianismus, den Monophysitismus und eben den Ikonoklasmus.

Der eigentliche Anlaß ist kaum zu erklären. Offenbar herrschte in Ostrom in einigen Kreisen ein gewisses Unbehagen an einer als zu stark empfundenen Ikonenverehrung. In der älteren Forschung ist die These favorisiert worden, daß die Bilderfeindschaft auf islamischen Einfluß zurückgehe. Diese Auffassung wird unterdessen allgemein abgestritten, aber ausgeschlossen ist natürlich nicht, daß der Erfolg des Islam, der die bildliche Darstellung ablehnt, zumindest als ein möglicher Fingerzeig Gottes empfunden worden ist, der vielleicht eigene, schon vorhandene Gedanken verstärkt hat.

Als eigentlicher Anlaß gilt ein großer Vulkanausbruch mit nachfolgendem Seebeben 726, der von Kaiser Leon III. als Aufforderung Gottes verstanden worden sei. Allerdings gibt es trotz späterer entsprechender Verzerrungen in den Quellen kaum sichere Anhaltspunkte für Ikonenverbote zur Zeit Leons. Fest steht allerdings, daß er sehr stark den Kreuzeskult propagierte. Aber das war sicher nicht gegen die Ikonen gerichtet, sondern der Versuch einer Anknüpfung an Konstantin den Großen, der ja bekanntermaßen im Zeichen des Kreuzes über seine Feinde gesiegt hatte.

Wie dem auch sei. Rund fünfzig Jahre beherrschte der Ikonoklasmus das Feld, besonders geschürt von Leons Nachfolger Konstantin V., der auch zur Gewalt griff, um ihn durchzusetzen, wobei die bilderfreundliche Partei ihm später noch weitaus mehr Untaten angedichtet hat, als er tatsächlich verursacht haben dürfte. Erst unter der Witwe seines Sohnes Leon IV., Eirene, und deren Sohn Konstantin VI. wurde die Bilderverehrung nach mancherlei Widerstand auf dem Konzil von Nikaia 787 wieder offiziell eingeführt. Auch hier können wir über den Anlaß dieser Kehrtwendung nur Vermutungen anstellen.

Sicherer scheint hingegen zu sein, daß das erneute Aufleben des Ikonoklasmus zu Beginn des 9. Jahrhunderts eine Folge der äußeren Not des Reiches war, das sehr unter der Bulgarengefahr zu leiden hatte. Und viele erinnerten sich noch gut der großen Erfolge, die gerade der Bilderstürmer Konstantin V. über diesen Gegner errungen hatte, und nahmen dies als Beweis für die Richtigkeit der ikonoklastischen Lehre. Aber auch jetzt konnten die Feinde der Bilder sich letztlich nicht durchsetzen. 843 wurde die Bilderverehrung endgültig wieder eingeführt, ohne später noch einmal in Frage gestellt worden zu sein.

Zwei Dinge sind in diesem Zusammenhang bedeutsam: Bisher hatten die Kaiser immer nur reagiert. Mit dem Ikonoklasmus ergriffen sie nun zum erstenmal selbst die Initiative und suchten dem Reich eine neue religiöse Richtung aufzuzwingen, was man ohne weiteres als Indiz für die gewachsene Bedeutung Konstantinopels und die dort Herrschenden auffassen kann. Und zweitens nahm man in Byzanz nun kaum noch Rücksicht auf das lateinische Europa, das alte Westrom. Der Ikonoklasmus war eine innerbyzantinische Auseinandersetzung und wurde ohne Rücksicht auf etwaige Außenwirkungen geführt. Dies zeigt, wie weit Byzanz sich unter dem Druck der Verhältnisse schon von dem alten römischen Universalismus gelöst hatte, auch wenn dies in der offiziellen Ideologie natürlich keinen Niederschlag fand. Im Gegenteil setzte in Byzanz zu Beginn des 9. Jahrhunderts gerade im kulturellen Bereich eine Renaissance des spätantiken Geisteslebens ein, die an die Zeit vor den großen Katastrophen und damit eben auch an die große Zeit Ostroms anknüpfte. Es ist wohl nicht zu gewagt zu sagen, daß die Byzantiner damit in gewisser Weise die tatsächliche Reduzierung des Reiches aufgefangen haben und sich so trotz aller Katastrophen und Verluste auch weiterhin als Fortführer und Inbegriff des *Imperium Romanum* fühlen konnten.

Im lateinischen Europa hingegen wurde dieser Anspruch, anders als noch im sechsten Jahrhundert, nicht mehr anerkannt. Der – erzwungene – Rückzug von Byzanz hatte im ideologischen Bereich ein Machtvakuum entstehen lassen, das im Laufe des achten Jahrhunderts teils vom Papsttum, teils von den Franken als der unumstrittenen Vormacht des Abendlands gefüllt wurde. Die Krönung Karls des Großen am Weihnachtsfest des Jahres 800 in Rom war die letzte Konsequenz dieser Entwicklung, und sie leitete zugleich eine neue Epoche ein, in der beide – das byzantinische wie das neue, „westliche" Kaisertum – das Erbe Roms für sich in Anspruch nehmen sollten.

V. Regionale Vormacht (843–1071)

Der in diesem Kapitel behandelte Zeitraum gilt allgemein als die hohe Zeit des byzantinischen Reiches, als seine „heroische Epoche", in der Byzanz innerlich stabil, „gesund", militärisch stark und gegenüber seinen Nachbarn erfolgreich gewesen sei. Auf den ersten Blick ist dieser Eindruck sicherlich zutreffend, dennoch sollte man nicht vergessen, daß Ostrom in dieser Zeit von einer außerordentlich günstigen außenpolitischen Situation profitierte, die es so weder früher noch später jemals wieder gegeben hat. Im Osten erlebte das Abbasidenkalifat einen eminenten Niedergang, der es als Gegner praktisch ausscheiden ließ. Auf dem Balkan gab es als direkte Gegner nur die Bulgaren, die bei aller Gefährlichkeit doch nur eine lokale Macht waren. Es ist durchaus bezeichnend, daß Byzanz selbst diesen kleinen Staat nur nach langen Kämpfen und mit größter Mühe unterwerfen konnte. So großartig kann die gepriesene Stärke der Byzantiner also eigentlich nicht gewesen sein. Zugleich ging im Inneren der Kampf der „Mächtigen" um mehr Einfluß unvermindert weiter und führte schließlich zur Aushöhlung der staatlichen Ressourcen.

1. Friedlichere Zeiten: Michael III. und Basileios I.

Während Byzanz in den dreißiger Jahren unter Theophilos noch einmal schwere Schläge durch die Kalifen al-Mamun und al-Mutasim hinnehmen mußte, die in der Niederlage von Dazimon 838 und der Einnahme Amorions in demselben Jahr gipfelten, brachen infolge des Machtrückgangs des Kalifats nach dem Tod al-Mutasims (842) bessere Zeiten an. Zwar hörten die Kämpfe nicht auf, aber die Protagonisten auf arabischer Seite waren nun nicht mehr die Kalifen, sondern kleinere Grenzmächte, wie etwa die islamischen Fürstentümer von Melitene und Tarsos, die für Byzanz zwar lästig waren, aber doch nicht die Kräfte mobilisieren konnten wie das Kalifat der Abbasiden in seiner Glanzzeit. Gleiches galt für die

Paulikianer, eine christliche Sekte, deren Anhänger ursprünglich im westlichen Kleinasien gelebt hatten, aber nach den Verfolgungen durch die Byzantiner auf islamisches Gebiet geflohen waren und von dort immer wieder Raubzüge in die Romania unternahmen. So ist es kein Wunder, daß Byzanz langsam die Oberhand gewann und selbst in die Offensive ging, der in den siebziger Jahren die Paulikianer zum Opfer fielen. Auf dem Balkan brachte die Christianisierung der Bulgaren, die nach längerem Hin und Her das griechisch geprägte Christentum annahmen und statt des römischen Papstes den Patriarchen in Konstantinopel als geistigen Oberhirten anerkannten, auch hier ein friedliches Miteinander und die endgültige Einbeziehung der Bulgaren in den byzantinischen Kulturkreis, dem sie allerdings schon zuvor nahegestanden hatten. Aber dank des Ausbleibens neuer Kämpfe konnten die Byzantiner sich jetzt verstärkt der Wiederaufrichtung ihrer Herrschaft im südlichen Balkan widmen. Das eigentliche Griechenland wurde nun wieder ganz und gar der Autorität Konstantinopels unterworfen.

Probleme gab es eigentlich nur noch in Italien und zur See. Die kretischen Araber bedrohten weiterhin die Küsten der Ägäis. Versuche, sie von Kreta zu vertreiben oder zu unterwerfen, scheiterten schmählich, und auf Sizilien verlor Byzanz trotz teilweise erheblicher Anstrengungen immer weiter an Boden.

2. Innere Probleme: von Leon VI. bis zu Konstantin VII.

Ob es in dieser Zeit an den Grenzen wirklich so ruhig gewesen ist, wie die erhaltenen Nachrichten es nahelegen, ist schwer zu sagen, da die Quellen sich, wie so oft, mehr auf die inneren Auseinandersetzungen konzentrieren als auf die Ereignisse und Entwicklungen, an denen die Kaiser nicht direkt beteiligt waren. In dieser Epoche war dies vor allem die Machtergreifung Basileios' I., der quasi aus dem Nichts in wenigen Jahren zur zweithöchsten Position aufstieg, die es in Byzanz gab, um von dort aus den legitimen Kaiser Michael III. zu stürzen und zu beseitigen. Da seine Dynastie die nächsten knapp 200 Jahre den Thron besetzen sollte – wenngleich nicht immer aktiv herrschend –, bemühten sich die zeitgenössischen Chronisten, die Herrschaft dieses „Basileus" als von Gott gewollt hinzustellen, und sie schreckten vor keinerlei Verunglimpfung Michaels III. und seiner Ratgeber zurück, so daß wir Person und Leistung seiner Regierungszeit kaum gerecht beurteilen können. Gleichzeitig wird natürlich die Regierung Basileios' I. in der Überlieferung in immer neue Höhen gehoben.

Die immer wieder zu beobachtende Fixierung der Quellen auf den Kaiserhof wurde allerdings auch dadurch verstärkt, daß die Kaiser in der Tat Anlaß für einige Aufmerksamkeit boten. So trat Leon VI., der Sohn und Nachfolger des Basileios, zwar auf dem Gebiet der Gesetzgebung und als erfolgreicher Förderer der Wissenschaften (wie man sie in Byzanz verstand, natürlich) hervor, so daß man ihm den Ehrennamen „der Weise" verlieh; in seinem Privatleben indessen machte er diesem Beinamen wenig Ehre: Nachdem er zunächst eine „politische" Ehe eingegangen war, heiratete er nach dem Tod seiner Frau ein zweites Mal, nur um nach kurzer Zeit wiederum Witwer zu werden, dazu noch ohne leibliche Erben. In Byzanz war eine zweite Ehe zwar gestattet, galt aber als unschicklich. Der Kaiser selbst hatte eine zweite Eheschließung offiziell mißbilligt und eine dritte sogar verboten. Aber der Erbe war wichtiger, und so heiratete Leon ein drittes Mal, auch diesmal, wenn man so sagen darf, ohne Erfolg. Die Kirche opponierte heftig, und als der Kaiser nach dem Tod seiner dritten Frau eine neue, die nunmehr vierte, Verbindung einging, war der Skandal perfekt, und es kam zur offenen Konfrontation mit dem Patriarchen. Aber weil Leon jetzt endlich seinen lange ersehnten Thronfolger erhielt, ließ er sich nicht beirren, sondern wandte sich an den Papst in Rom, dessen religiöse Skrupel nicht so groß waren wie diejenigen seines byzantinischen Amtsbruders, und erhielt von dort den nötig scheinenden Dispens. Da der Patriarch weiterhin obstinat blieb, folgten lange Verhandlungen, bis die byzantinische Kirche, wenn schon nicht die vierte Ehe, so doch den aus ihr hervorgegangenen Sohn anerkannte. Der widerspenstige Patriarch mußte einem gefügigeren weichen. Wenig später starb Leon VI., und nach einem kurzen Intermezzo wurde sein Sohn Konstantin VII. „Porphyrogennetos" im Alter von sechs Jahren Kaiser, wobei pikanterweise derselbe Patriarch, der zuvor die vierte Ehe Leons so vehement bekämpft hatte, zum Vorsitzenden des Regentschaftsrates aufstieg.

Wie in Byzanz eigentlich fast immer die Regel, fiel die innere Krise mit einer äußeren zusammen: Gegen die Araber hatten die byzantinischen Truppen zu Lande zwar weiterhin Erfolge, aber auf dem Wasser sah es schlechter aus: Zu Beginn des 10. Jahrhunderts fiel Sizilien endgültig an die nordafrikanischen Araber, Thessalonike wurde von einer arabischen Flotte eingenommen und geplündert, und ein Versuch, Kreta zurückzugewinnen, endete gleichfalls in einer schweren Niederlage.

Folgenschwerer aber war die Entwicklung in Bulgarien: Die Bulgaren hatten nicht nur das griechisch-orthodox geprägte Christentum übernommen, sondern konsequenterweise auch die damit untrennbar verbundene Reichsideologie. So griff nach dem Tod Leons infolge der inneren Schwäche der byzantinischen Regierung der bulgarische Zar Symeon das Reich und sogar Konstantinopel selbst an, in der erklärten Absicht, das Kaisertum für sich zu erringen. Wie alle Bulgarenherrscher vor ihm scheiterte er letztendlich daran, daß mit Kleinasien das eigentliche byzantinische Machtzentrum, von wo immer wieder neue Kräfte herangezogen werden konnten, außerhalb seiner Reichweite blieb. Dennoch konnte er die byzantinische Position auf dem Balkan nahezu vollständig untergraben und schien kurz vor seinem Ziel zu stehen, als in Konstantinopel ein Umschwung erfolgte. Mit Romanos Lakapenos bestieg ein neuer, energischer Kaiser den Thron, dem es gelang, die Bulgaren mit Hilfe anderer Kräfte (vor allem Ungarn, Serben und Kroaten) zu beschäftigen, bis nach dem Tod Symeons 927 unter dessen weniger ehrgeizigem Nachfolger wieder friedlichere Zeiten anbrachen.

Bezeichnenderweise beseitigte Romanos I. Lakapenos nicht den rechtmäßigen Kaiser Konstantin VII., sondern „degradierte" ihn nur vom Haupt- zum Nebenkaiser, mit dem er sogar seine eigene Tochter verheiratete: Ein klares Zeichen für die Stärke des dynastischen Gedankens in Byzanz in dieser Zeit. Konstantin durfte sich mit seinen literarischen Interessen die Mußestunden füllen, politischen Ehrgeiz scheint er – wohl zu seinem Glück – in diesen Jahren nicht besessen zu haben.

Ansonsten aber gewann Byzanz unter Romanos Lakapenos die zeitweilig verlorengegangene Initiative wieder zurück: Auf dem Balkan erreichte es langsam, fast unmerklich, das Übergewicht über die Bulgaren, in Kleinasien wurden die islamischen Grenzstaaten unterworfen oder zumindest zur Anerkennung der byzantinischen Oberhoheit gezwungen. Als Höhepunkt dieser Erfolge galt allgemein die Einnahme Edessas (in Mesopotamien) und die damit verbundene feierliche Einholung des sog. Mandylions – eines angeblich nicht von Menschenhand gemalten Bildnisses Christi – nach Konstantinopel im Jahre 944.

3. Die Epoche der Eroberungen: von Nikephoros II. Phokas bis zu Basileios II.

Die außenpolitische Lage des Reiches gestaltete sich um die Mitte des 10. Jahrhunderts vergleichsweise günstiger: Nach seinem Höhenflug unter Symeon erlebte Bulgarien eine gewisse Schwächeperiode, die dazu führte, daß es schließlich unter Johannes I. Tzimiskes (969–975) unterworfen werden konnte, was allerdings nicht bedeutete, daß es damit endgültig in das byzantinische Reich integriert worden wäre. In Kleinasien wurden die muslimischen Grenzmächte gleichfalls nach und nach dem Reich eingegliedert, und auch im Kaukasusgebiet – gegenüber Armeniern und Georgiern – verstärkte sich der byzantinische Einfluß.

Eingeleitet wurde diese „Epoche der Eroberungen" 960/61 durch die Rückeroberung Kretas, mit der endlich auch die Ägäis wieder unter byzantinische Kontrolle geriet. Auch die Wirren im Kaiserhaus, die ja wiederholt ihre Rückwirkungen auf die

Außenpolitik des Reiches gehabt hatten, wurden diesmal problemlos gemeistert: Nach dem Tod Romanos' II., des Sohnes Konstantins VII., im Jahre 963 heiratete die Witwe des Kaisers, Theophano, die angeblich für seinen Tod durch Gift verantwortlich gewesen sein soll, den ruhmreichen Eroberer Kretas, der als Nikephoros II. Phokas den Thron bestieg. Formal regierte er nur für die beiden minderjährigen Söhne des Romanos, tatsächlich aber nahm er, vergleichbar mit Romanos I. Lakapenos eine Generation zuvor, unbestritten als Hauptkaiser den ersten Platz im Kaiserkollegium ein. Unter ihm setzte Byzanz verstärkt seine Expansionspolitik im Osten fort.

969 fiel Nikephoros einer Verschwörung zum Opfer, an der seine Frau und sein Verwandter Johannes I. Tzimiskes beteiligt waren, welcher ihm als Kaiser nachfolgte, der allerdings vor seiner Krönung auf Druck des Patriarchen die Kaiserin verstoßen mußte, der man allgemein die Schuld sowohl an dem Tod Romanos' II. als auch Nikephoros' II. Phokas gab, ganz abgesehen davon, daß die Kirche sich ohnehin strikt gegen eine dritte Heirat der Kaiserin sträubte.

Unter Johannes Tzimiskes stießen byzantinische Truppen bis nach Palästina hinein vor. Auf dem Balkan gelang es ihm, einen Angriff des warägo-russischen Fürsten Swjatoslaw von Kiew abzuwehren und in Zusammenhang mit diesem Feldzug, wie schon erwähnt, Bulgarien dem Reich einzuverleiben. Der Kaiser starb 976 auf einem Feldzug in Syrien.

Auf ihn folgte Basileios II. (976–1025), der theoretisch zusammen mit seinem jüngeren Bruder Konstantin VIII. regierte, faktisch jedoch allein die Zügel in der Hand hielt. Seine Anfänge waren von Problemen überschattet. Zunächst war der starke Mann im Staat der Parakoimomenos Basileios, ein natürlicher Sohn Romanos' I. Lakapenos, der allerdings als Eunuch selbst keine Aussichten auf den Thron hatte. Nach seiner Beseitigung hatte Basileios II. zunächst harte Auseinandersetzungen mit den mächtigen und einflußreichen Familien der Phokaden und der Skleroi zu führen, die er letztlich nur mit Glück und dank ausländischer Hilfe überstand. Erst in den neunziger Jahren konnte er sich endgültig durchsetzen.

Die Bürgerkriege lähmten die byzantinische Außenpolitik und führten in dem gerade unterworfenen Bulgarien zu einem Aufstand, der die byzantinische Herrschaft hinwegfegte, als hätte es sie nie gegeben. In dem Zaren Samuel hatten die Bulgaren zudem einen Führer von charismatischer Ausstrahlungskraft, dessen Unterwerfung Basileios fast 30 Jahre heftigster Kämpfe kostete, bis ihm 1014 ein entscheidender Sieg gelang, der die Waagschale wieder zu seinen Gunsten senkte. Zu Beginn der zwanziger Jahre des 11. Jahrhunderts war Bulgarien erneut unterworfen, hatte allerdings noch länger unter den Folgen der dauernden Kriege zu leiden.

In Kleinasien gelang es Basileios, die Position des Reiches weiter auszubauen. Mit den Fatimiden Ägyptens wurde nach einigen Auseinandersetzungen ein Vertrag geschlossen, der die Interessensphären beider Reiche in Syrien und Palästina absteckte. In Italien hingegen war Byzanz froh, seine unteritalienischen Besitzungen halten und konsolidieren zu können. An eine Rückgewinnung Siziliens dachte man zwar, es kam jedoch zu Lebzeiten des Kaisers zu keinen ernsthaften Bemühungen mehr.

Die Regierungszeit Basileios' II. gilt bis heute als Höhepunkt der Machtentfaltung des byzantinischen Reiches nach dem 7. Jahrhundert. Jedoch sollte man sich dessen bewußt sein, daß dieses Urteil sehr von der Sichtweise der byzantinischen Historiker des 11. Jahrhunderts beeinflußt ist, die ihrerseits in einer Art verklärender Rückschau die Erfolge des Basileios den Katastrophen ihrer eigenen Zeit gegenüberstellten und ihn und seine Herrschaft damit auf ein Podest hoben, das kaum gerechtfertigt ist. Zieht man in Betracht, daß Basileios rund drei Jahrzehnte brauchte, um eine einzelne abgefallene Reichsprovinz wieder unter Kontrolle zu bringen, so kann es mit der vielgerühmten Wehrkraft des Reiches zu seiner Zeit nicht allzu weit her gewesen sein. Damit soll die Leistung dieses Kaisers nicht bestritten werden. Aber er profitierte doch sehr von dem Umstand, daß im Vorderen Orient und ebenso auf dem Balkan ein gewisses Machtvakuum existierte, was seine außenpolitischen Erfolge erheblich relativiert. Im Endeffekt spielte Byzanz hier die Rolle des Einäugigen, der unter Blinden König ist. Dennoch sollte man das Lob der späteren Chronisten nicht ganz abwerten. Zumindest ist es ein klares Anzeichen für den Machtabfall des Reiches unter den Nachfolgern Basileios' II. und so auch ein Ausdruck der Kritik an der jeweiligen persönlichen Leistung dieser Kaiser, die von der des Basileios in den Schatten gestellt wurde.

4. Das Ende der makedonischen Dynastie (1025–1056)

Verglichen mit Basileios II. wirken die meisten seiner Nachfolger in der Tat wenig beeindruckend. Dies mag teilweise mit der in den Quellen gegebenen, tendenziösen Darstellung zu tun haben, teilweise wohl auch mit der Situation, in der sie sich befanden: Über nahezu dreißig Jahre führte der Weg auf den Thron nur über Zoë, eine der drei Töchter Konstantins VIII., die ihrerseits zwar nicht weiter am Wohl des Staates interessiert, aber dafür um so begehrlicher war, ihre privaten Belange erfüllt zu sehen, die sie bis zum Tod ihres Vaters hatte hintanstellen müssen. Mit ihrer Hand gab sie drei Kaisern den Weg zum Thron frei, von denen der erste auf ihr Betreiben hin vergiftet worden sein soll, was allerdings sehr nach Kolportage klingt. Verwunderlich ist, daß die Kirche ihre drei Ehen mehr oder weniger widerspruchslos hinnahm, noch erstaunlicher, daß das Volk sie allein – zusammen mit ihrer Schwester Theodora – als legitime Trägerin der Krone ansah und Versuche, sie zu stürzen oder in den Hintergrund zu schieben, vereitelte. Es zeigt die Stärke des dynastischen Gedankens in Byzanz, das de jure nach wie vor eine Wahlmonarchie war. In Wahrheit war jedoch die „Wahl" eines neuen Kaisers längst nur noch eine Formalie, auch wenn das Zeremoniell nach wie vor strikt eingehalten wurde.

In dieser Zeit verlor das Kaisertum weiter an Durchsetzungskraft gegenüber seinen inneren Konkurrenten. Der Adel in den Provinzen gewann an Einfluß, den die schwache Zentralregierung nur unzureichend eindämmen konnte. Solange keine äußeren Feinde auftauchten, schien dies nicht weiter ins

Gewicht zu fallen. Ja, es gelang sogar, im Kaukasus weitere Gebiete zu gewinnen. In Italien scheiterte man hingegen mit dem Versuch, Sizilien zurückzuerobern. Vielmehr kam hier ein Prozeß in Gang, der dazu führte, daß das Reich bis 1071 alle seine dortigen Besitzungen verlieren sollte.

5. Innere Unruhen und Angriffe von außen (1056–1071)

Bis heute ist man sich nicht völlig darüber im klaren, warum Byzanz in wenig mehr als einer Generation von dem Höhepunkt seiner Machtentfaltung unter Basileios II. bis zum fast völligen Zusammenbruch abstürzte. Als Erklärung bieten sich zum einen die „unfähigen" Kaiser an, die nach Basileios II. regiert haben, wobei hier – unabhängig vom tatsächlichen Wahrheitsgehalt – nur den Urteilen der byzantinischen Chronisten selber gefolgt wird, die, wie bereits dargelegt, die Verhältnisse des Reiches unter Basileios glorifizierten, um auf diese Weise Kritik an den zeitgenössischen Mißständen üben zu können. Richtig ist allerdings, daß das Ende der makedonischen Dynastie zu einer Schwächung der kaiserlichen Autorität führte, die in Aufständen und Putschversuchen ihren Ausdruck fand, da der Thron jetzt für einen durchsetzungsfähigen Usurpator erreichbarer schien als zuvor. Dies mußte den Handlungsspielraum der Kaiser in den schwieriger werdenden Zeiten beeinträchtigen und hatte damit naturgemäß auch Folgen für die Stellung des Reiches gegenüber seinen Nachbarn.

Eine weitere Erklärung liefert die Entwicklung innerhalb der byzantinischen Gesellschaft, die die Durchsetzungsfähigkeit der Zentralregierung und damit auch die militärische Stärke des Reiches untergraben haben soll. Auch dies ist wohl richtig, aber als Grund kaum ausreichend.

Die Frage stellt sich, ob der Gegensatz zwischen der Zeit des Basileios und dem dritten Viertel des 11. Jahrhunderts wirklich so kraß war, wie allgemein angenommen. Die Tatsache, daß das Reich sich wenige Jahre später – unter den Komnenen – durchaus wieder erholte, spricht eigentlich dafür, daß es weniger ein Zusammenbruch des gesamten Reiches als vielmehr ein solcher der Zentralregierung war. Als es den Komnenen gelang, einen Konsens zu finden, der auch den Adel miteinbezog, besserten die Verhältnisse sich rasch.

Vor allem aber müssen wir berücksichtigen, daß um die Mitte des 11. Jahrhunderts eine neue Macht auf der Bildfläche erschien, mit der vorher niemand rechnen konnte und die die Verhältnisse im Vorderen Orient völlig umkehrte. Es handelte sich um die Seldschuken, die sich von Zentralasien aus langsam westwärts bewegten und in den fünfziger Jahren allmählich in die Gebiete südlich des Kaukasus eindrangen – und damit auch in die östlichen Provinzen des Reiches. Byzanz reagierte zunächst wenig beunruhigt und entsandte nur einige Truppen, bei deren Aktionen Erfolg und Mißerfolg sich die Waage hielten. Als man schließlich den Ernst der Lage begriff, war es zu spät. Kaiser Romanos IV. Diogenes konnte zwar eine große Armee aufbieten, wurde jedoch 1071 bei Mantzikert geschlagen und selbst gefangengenommen.

Man kann den Byzantinern sicher vorwerfen, daß sie die Lage falsch eingeschätzt haben. Aber zugleich drängt sich doch die Parallele zu den ersten Angriffen der Araber auf, die gleichfalls zunächst nur mit lokalen Mitteln bekämpft wurden, bis sie 636 am Jarmuk die kaiserliche Hauptarmee schlugen, was zum Zusammenbruch der byzantinischen Position in Syrien und Palästina führte. Die Invasion der Seldschuken im 11. Jahrhundert ist der erste wirklich große Angriff von außen seit der arabischen Expansion des 7. Jahrhunderts gewesen. Sie wirbelte den gesamten Vorderen Orient durcheinander und führte zu einer völligen Neuordnung der Verhältnisse. Insofern ist auch ihr Sieg über Byzanz eher ein Anzeichen dafür, daß es weniger die eigene Stärke der Byzantiner gewesen war, die zu den Erfolgen des 10. Jahrhunderts geführt hatte, als vielmehr das nach dem Zerfall des Abbasidenkalifats entstandene Machtvakuum. Dieses Vakuum wurde jetzt durch eine neue Macht gefüllt, was zugleich das Ende – oder zumindest eine wesentliche Schwächung – der bisherigen regionalen Vormächte, unter ihnen Byzanz, zur Folge hatte.

6. Die byzantinische Kirche im 9. und 10. Jahrhundert

Während die früheren Epochen wesentlich von den großen, vor allem christologischen Auseinandersetzungen geprägt worden waren, deren letzte in gewisser Weise der Ikonoklasmus gewesen war, ist die folgende Periode eigentlich frei von größeren ideologischen Streitigkeiten, in denen um die Substanz des christlichen Glaubens gerungen wurde. Dies gilt auch für das „große Schisma" von 1054 zwischen Ost- und Westkirche, dessen Anlaß eigentlich banale Fragen um Liturgie und Ritus boten. Hinzu kamen eher persönliche Motivationen der Protagonisten und in Byzanz der Umstand, daß ein starker Patriarch – Michael Kerullarios – von einem eher schwachen Kaiser – Konstantinos IX. Monomachos – nicht im Zaum gehalten werden konnte. Die Zeitgenossen vermuteten daher auch keine dauernde Trennung der Kirchen, sondern eher eines der üblichen, immer wieder vorkommenden Schismen, das nach einiger Zeit schon wieder beigelegt werden würde. Daß es hierzu nicht kam, lag an anderen, eher zufälligen Faktoren, vor allem aber später an den Kreuzzügen, die, wie wir noch sehen werden, in Byzanz eine zunehmend „lateinerfeindliche" Stimmung erzeugten, die jeden Versuch von offizieller Seite scheitern ließ, eine einmal vereinbarte Union in der orthodoxen Kirche auch in die Tat umzusetzen und ihre Anerkennung zu erzwingen.

Überraschend ist ein anderes Faktum: Zwar hatte es auch zuvor starke Patriarchen gegeben, aber im wesentlichen hatten doch die Kaiser ihren Willen durchsetzen können. Dies änderte sich nach dem Ende des Ikonoklasmus, so daß man fast den Eindruck eines Machtkampfes zwischen Kaisern und Patriarchen hat, den letztere zwar nicht gewinnen konnten – im Endeffekt hatte eben doch der Kaiser die stärkeren Bataillone –, in dem sie jedoch ein wesentlich stärkeres Selbstbewußtsein entwickelten als ihre Vorgänger. Bezeichnenderweise entzündeten sich solche Auseinandersetzungen kaum an ideologisch-theoretischen Fragen, als vielmehr an solchen der allgemeinen Moral.

Dies beginnt schon im 9. Jahrhundert mit Patriarch Ignatios, der gegen Bardas, den starken Mann der Regierung Michaels III., den Vorwurf des Ehebruchs erhob und nur durch Absetzung, die erst unter Basileios I. wieder rückgängig gemacht werden sollte, zum Schweigen gebracht werden konnte. Sein zweimaliger Nachfolger Photios versuchte dann in der Tat, das Patriarchat zumindest theoretisch auf einen gleich hohen, wenn nicht höheren Rang als das Kaisertum zu heben, womit er allerdings scheiterte. Etwas später kam es zwischen Leon VI. und Patriarch Nikolaos I. Mystikos zur Auseinandersetzung um die vier Ehen des Kaisers, die der Kaiser zwar mit der Hilfe des Papstes für sich entscheiden konnte, aus der er aber keineswegs unbeschädigt hervorging. Und als Johannes I. Tzimiskes 969 seinen Vorgänger Nikephoros II. Phokas mit Hilfe und auf Veranlassung von dessen Ehefrau stürzte und tötete, war es Patriarch Polyeuktos, der die Absetzung und Verbannung der Kaiserin als Vorbedingung für die Krönung des neuen Kaisers durchsetzte: Vorgänge, die im fünften bis achten Jahrhundert kaum vorstellbar gewesen wären.

Worauf dieses erstarkte Selbstbewußtsein, mit dem die Patriarchen sich als moralische Instanz selbst über das Kaisertum stellten, zurückzuführen ist, läßt sich kaum sagen. Aber wir können immerhin feststellen, daß das Konstantinopolitaner Patriarchat in dieser Zeit über das geschrumpfte Reich hinauswuchs und damit – neben dem Papsttum in Rom natürlich – gewissermaßen „ökumenischer" wurde als der Kaiser in Konstantinopel, dessen eigener Anspruch in demselben Zeitraum immer theoretischer und nicht zuletzt von dem „westlichen" Kaisertum in Frage gestellt wurde. In dieselbe Zeit fiel die Bekehrung der Bulgaren und vor allem im ausgehenden zehnten Jahrhundert diejenige der Russen, die beide den Patriarchen in Konstantinopel als ihr Oberhaupt anerkannten und diesem damit eine Geltung verschafften, die die des Kaisers übertraf. Es mag sein, daß aus dieser Entwicklung ein wachsendes Selbstbewußtsein der byzantinischen Kirche resultierte, was freilich nichts daran ändert, daß der Kaiser, wenn es wirklich einmal hart auf hart ging, doch die Oberhand behielt. Eine wirkliche Bewegungsfreiheit, wie sie etwa der Papst in Rom genoß, war für dessen Pendant in Konstantinopel nicht möglich.

7. Gesellschaftliche und kulturelle Entwicklung

In der Umbruchzeit des 7. Jahrhunderts scheint die spätantike Gesellschaftsstruktur weitgehend untergegangen zu sein. Man hat den Eindruck, daß die Landbevölkerung im 8. und 9. Jahrhundert in steuerlich gemeinsam haftenden Dorfgemeinschaften lebte. Offen bleibt dabei die Frage, wie die „Soldatenbauern" der Themen in diese Gemeinschaft integriert waren, immer vorausgesetzt, sie waren es überhaupt und lebten nicht in eigenen, separaten Niederlassungen. Der Adel scheint auf dem Land in dieser Zeit jedenfalls keine große Rolle gespielt zu haben, auch wenn der Mangel an relevanten Quellen konkrete Aussagen in diesem Bereich nahezu unmöglich macht. Sicher ist aber wohl, daß der alte, spätantike Adel in diesen Umbruchsjahren entweder durch eine neue, stärker militärisch orientierte Oberschicht ersetzt oder verdrängt wurde oder seinerseits eine entsprechende Transformation durchmachte. Spätestens mit dem Ende des Ikonoklasmus wird diese Schicht mehr und mehr greifbar.

Wir müssen hierbei bedenken, daß Vermögen in Byzanz aus einer Reihe von Gründen eigentlich nur in Land angelegt werden konnte. Handelsgeschäfte waren für den Adel, besonders für Senatsangehörige, verpönt, ja geradezu verboten. Ähnliches galt für das Verleihen von Geld gegen Zins – auch wenn beides sicherlich immer wieder vorgekommen ist. So blieb der Landerwerb. Im 7. und 8. Jahrhundert war er wohl nicht so begehrt, da der Bevölkerungsrückgang in dieser Zeit die Bewirtschaftung von Land kaum sehr lohnend erscheinen ließ. Aber im Laufe des 9. Jahrhunderts trat eine Änderung zum Positiven ein, und wir können annehmen, daß die im 7. und 8. Jahrhundert entstandene Themenaristokratie Mittel und Wege gefunden hat, um sich neuen Großgrundbesitz zuzulegen oder bestehenden zu vergrößern. Erleichtert wurde dies durch die

Situation der Bauern, die um so schwieriger wurde, je mehr einzelne Bauern auf ihre Freiheit verzichteten und sich einem „Mächtigen" unterstellten – was die Lage der restlichen, dem Fiskus gegenüber immer noch gemeinsam haftenden Dorfmitglieder zusätzlich erschwerte. Der Staat scheint dieser Entwicklung mehr oder weniger tatenlos zugesehen zu haben. Er griff erst ein, als auch die Soldatenbauern zunehmend unter Druck gerieten. Erste Gesetze zum Schutz der Soldatenbauern sind unter Romanos Lakapenos nachweisbar und folgten unter den späteren Kaisern mit schöner, aber leider auch die Wirkungslosigkeit solcher Maßnahmen anzeigenden Regelmäßigkeit.

Man kann sagen, daß die Themenorganisation in dieser Zeit an ihre Grenzen stieß. Sie hatte sich ursprünglich aus der lokalen und regionalen Verteidigung gegen die arabischen Invasionen entwickelt. Nun aber wurden die Themen mehr und mehr auch zu großen, weitläufigen Offensivunternehmungen eingesetzt, die den einfachen Soldaten überfordern mußten. Die Militärreformen unter Nikephoros II. Phokas verhinderten dies ebensowenig wie die Schutzbestimmungen unter Basileios II. In der ersten Hälfte des 11. Jahrhunderts waren die Themenstrukturen weitgehend ausgehöhlt, und konsequenterweise behalfen die Kaiser sich wieder mehr und mehr mit der Anwerbung ausländischer Söldner, die jetzt den Kern der Armee bildeten.

Dies hatte auch noch einen weiteren Grund: Die Kaiser erhielten sich damit nicht nur die Schlagkraft ihrer Armee, sondern sie gewannen durch die Söldner auch ein Gegengewicht gegen den in den Provinzen dominierenden Adel. Schon im 10. Jahrhundert kontrollierten beispielsweise die Phokaden große Landstriche in Kappadokien, weitere Adelsfamilien wie die Skleroi oder die Maleinoi herrschten in ihren Besitzungen ebenfalls fast wie westliche Feudalherren und verfügten über beträchtliche militärische und finanzielle Ressourcen, die sie, wie die Bürgerkriege im letzten Viertel des 10. Jahrhunderts zeigen, durchaus auch gegen den Kaiser einsetzten. Die Anwerbung ausländischer, nur auf den Kaiser verpflichteter Söldner konnte hier ein Gegengewicht schaffen.

Tatsächlich spielten die großen byzantinischen Adelsfamilien eine durchaus zwiespältige Rolle: Einerseits waren sie die Träger der Expansion nach außen, zugleich aber bewirkte ihr Machthunger eine Aushöhlung der Strukturen, mit deren Hilfe das Reich die Krisen des 7. und 8. Jahrhunderts überlebt hatte. Dies gilt vor allem für die Jahre nach dem Tod Basileios' II., als die Kaiser kaum noch energischen Widerstand gegen den Adel leisteten. Nicht Byzanz in seiner Gesamtheit war schwächer geworden, sondern die Zentralregierung konnte sich im Inneren nicht mehr entscheidend durchsetzen. Man kann fast sagen, daß die Strukturen, die einst das Überleben ermöglicht hatten, jetzt zu einer Krise führten, die sich durch das – nicht vorhersehbare – Auftreten der Seldschuken fast zur Katastrophe ausweiten sollte.

Möglicherweise läßt sich mit der gesellschaftlichen Entwicklung auch die kulturelle „Renaissance" des 9. und 10. Jahrhunderts erklären. Aus den „dunklen Jahrhunderten" kennen wir wenige literarische Werke. Das mag zum Teil daran liegen, daß beispielsweise „häretische" Werke nur sehr vereinzelt die „orthodoxe" Säuberung überlebten, wie wir es nach dem Ikonoklasmus feststellen können, zum Teil mag es auch daran liegen, daß die Verarmung des Reiches nach dem Verlust Ägyptens und Syriens der Kultur den notwendigen finanziellen Nährboden entzog. Als sich die Lebensgrundlagen wieder besserten, setzte auch wieder eine größere literarische Produktion ein. Zudem aber stand Byzanz jetzt stärker als zuvor in Konkurrenz zu anderen Mächten, die den früher bereitwillig anerkannten Anspruch der Kaiser in Konstantinopel nicht mehr ohne weiteres akzeptierten. Auch die Karolinger erhoben im 9. Jahrhundert den Anspruch, das Römische Reich weiterzuführen, und im 10. und 11. Jahrhundert (seit Otto I. 962) sind es die deutschen Könige, die nach Rom ziehen und sich vom Papst zum *Imperator Romanorum* krönen lassen. Wir wissen, daß Byzanz hierauf aggressiv reagiert hat und seinerseits seine besondere Stellung betonte. So wäre es nicht überraschend, wenn auch die Renaissance des 9. und vor allem 10. Jahrhunderts eine Rückbesinnung auf die Wurzeln des

Reiches war, die damit zugleich – ob bewußt oder unbewußt sei dahingestellt – der Untermauerung des eigenen ideologischen Anspruchs diente. Daneben sollten allerdings die individuellen Besonderheiten nicht unterschätzt werden. So ist die ausschlaggebende Rolle, die Konstantin VII. Porphyrogennetos als Förderer, Anreger und auch selbst als Autor gespielt hat, kaum zu überschätzen. Aber das lag auch in der persönlichen Situation dieses Kaisers begründet, der ja über zwanzig Jahre ohne politischen Einfluß war und sich mehr oder weniger auf seine literarischen Interessen konzentrieren mußte. Insofern sollten wir auch hier den individuellen Aspekt nicht vernachlässigen, obwohl er aufgrund der doch sehr lückenhaften Quellenlage kaum noch sicher einzuschätzen ist.

VI. In der Defensive (1071–1204)

1. Innere Unruhen und der Verlust Kleinasiens

Der Zusammenbruch der byzantinischen Staatsstruktur nach der Schlacht von Mantzikert 1071 ist weniger dem Ausmaß dieser Niederlage anzulasten als den inneren Auseinandersetzungen, in die sich die herrschende byzantinische Klasse verstrickte und die sie unfähig werden ließen, gegenüber den äußeren Gegnern eine konsistente Verteidigungspolitik zu verfolgen. Dies hängt damit zusammen, daß es nach dem Ende der Makedonischen Dynastie 1056 keiner anderen Familie gelungen war, sich eine allgemein anerkannte dynastische Legitimität zu sichern: In den fünfzehn Jahren zwischen 1056 und 1071 regierten vier Kaiser, in den zehn zwischen 1071 und 1081 noch einmal zwei, ehe mit Alexios I. Komnenos wieder stabilere Verhältnisse einkehrten. Von den zahlreichen erfolglosen Usurpationsversuchen ist hier gar nicht erst zu reden.

Die Seldschuken wurden durch die byzantinischen Bürgerkriege geradezu eingeladen, Kleinasien an sich zu reißen. Dies gelang ihnen schnell, und sie errichteten in Nikaia ein Sultanat, von dem aus sie auch Konstantinopel bedrohten. Zum Glück für die Griechen zerfiel das Seldschukenreich jedoch fast genauso schnell, wie es entstanden war, so daß die Kaiser es jetzt neben den Sultanen mit mehreren kleineren Herrschaften zu tun hatten, die leichter im Zaum zu halten waren.

Hinzu kam, daß die seldschukische Eroberung keineswegs bedeutete, daß Kleinasien wirklich in seiner Gesamtheit an die Eindringlinge fiel. Große Teile der Halbinsel blieben entweder ganz unberührt, gerieten nur de jure unter die Oberhoheit der Seldschuken oder wurden von lokalen Kräften zurückerobert, unterstanden dann aber auch nicht immer der kaiserlichen Kontrolle. Dies galt beispielsweise für die Gabraden, die in und um Trapezunt herum eine eigene Herrschaft errichteten, und auch für Antiocheia in Nordsyrien, das zusammen mit anliegenden Gebieten von dem früheren byzantinischen General Philaretos gehalten wurde und bis 1084, als es endgültig verloren ging, mehr oder weniger selbständig war.

Belastet wurde die Situation der Kaiser auch durch die Entwicklung auf dem Balkan, wo mit den nomadischen Petschenegen gleichfalls ein neuer Gegner auftauchte, der zwar schon lange vorher bekannt gewesen war, aber erst jetzt damit begann, das Reichsgebiet selbst anzugreifen und zu plündern.

Erschwerend kam hinzu, daß nun aus einer Richtung ein weiterer Feind auftauchte, aus der Byzanz bisher noch nie bedroht worden war: Italien. Hier hatten Normannen, die zum Teil sogar einst als byzantinische Söldner angeworben worden waren, die Probleme des Reiches im Osten genutzt und sich in kurzer Zeit das ganze byzantinische Unteritalien angeeignet. 1071 fiel Bari, die Hauptstadt der Provinz, und wenig später begann der normannische Anführer Robert Guiskard zusammen mit seinem Sohn Bohemund, die Überquerung der Adria und den Angriff auf die Balkanprovinzen von Byzanz vorzubereiten.

Dieser Zusammenbruch – anders kann man ihn kaum bezeichnen – kam für die Zeitgenossen wie ein Schock. Dessen Hintergrund war zweifellos die überraschende Invasion der militärisch überlegenen Seldschuken einerseits und der rapide Autoritätsverlust der Zentralregierung in Konstantinopel andererseits, der nicht zuletzt auf die mangelnde Legitimität der sich in rascher Folge ablösenden Kaiser zurückzuführen war. Erst den Komnenen gelang es, das Kaisertum auf eine neue Basis zu stellen, indem sie sich mit den führenden Adelsfamilien verbündeten, anstatt sie, wie die vorherigen Kaiser, als Konkurrenten anzusehen und zu bekämpfen. Unter den Komnenen wird Byzanz praktisch zu einem Familienverband der führenden Geschlechter des Reiches, in dem die Herrschaft fast mehr auf den persönlichen und verwandtschaftlichen Beziehungen der herrschenden Schicht untereinander beruhte, als auf den „staatlichen" Institutionen, auch wenn diese durchaus noch weiter bestanden. Wir werden dies im Abschnitt über die gesellschaftliche Entwicklung in dieser Epoche noch genauer sehen.

Dennoch griff dieses neue „Regierungssystem" natürlich nicht sofort, sondern brauchte eine gewisse Zeit, bis es sich sozusagen eingespielt hatte. Zunächst stand Byzanz weiterhin vor einer Vielzahl von äußeren Feinden, die mit den geschrumpften Kräften des Reiches bekämpft werden mußten. Hierbei bewies Alexios I. Komnenos eine glückliche Hand: Gegen die Petschenegen aktivierte er andere Nomadenvölker, unter ihnen die Kumanen, gegen die Normannen gewann er die Hilfe Venedigs, das de jure zwar immer noch zum byzantinischen Reich gehörte, de facto jedoch schon seit langem unabhängig war. 1082 erhielt die Lagunenstadt ein großes Privileg, das neben jährlichen Zahlungen Handelsniederlassungen in Konstantinopel und in Dyrrhachion vorsah. Vor allem aber genossen die Venezianer in einer Reihe von Städten völlige Abgabenfreiheit, was sie sogar besser als selbst die byzantinischen Kaufleute stellte. Zugleich gelang es dem Kaiser, in Unteritalien Unruhen zu entfesseln, die die Rückkehr Robert Guiskards erzwangen. Bevor der Normanne den Krieg in eigener Person weiterführen konnte, starb er 1085. 1091 triumphierte Alexios in einer entscheidenden Schlacht auch über die Petschenegen, womit die byzantinische Herrschaft über den südlichen Balkanraum wiederhergestellt war.

Nur in Kleinasien hatte der Kaiser zunächst weniger Erfolg, im Gegenteil. Die Kämpfe auf dem Balkan, vor allem gegen die Normannen, banden seine verfügbaren Kräfte, er mußte sogar Truppen aus Kleinasien nach Europa überführen, und nur ganz allmählich gelang es ihm, zumindest in einigen Küstenstrichen wieder Fuß zu fassen. Das Innere Kleinasiens sollte für Byzanz für immer verloren bleiben, was unter anderem damit zu tun hatte, daß im Gefolge der Seldschuken auch einige turkmenische Stämme nach Anatolien einwanderten und die alte byzantinische Bevölkerung verdrängten. Das war wirtschaftlich nicht von großer Bedeutung, da die anatolische Hochebene ohnehin nur wenig mehr als Weidewirtschaft erlaubte, während die fruchtbaren Gebiete an der Küste und längs einiger Flußtäler lagen. Trotzdem erwies der Verlust Inneranatoliens sich auf lange Sicht als verhängnisvoll, da die

Byzanz verbleibenden oder von ihm wiedereroberten Gebiete jetzt kaum noch natürliche Grenzen besaßen, die feindliche Einfälle erschwerten, wie es früher beispielsweise mit den Gebirgszügen von Taurus und Antitaurus der Fall gewesen war. Die Byzanz verbliebenen kleinasiatischen Reichsprovinzen sollten sich das ganze 12. Jahrhundert hindurch nicht von der seldschukischen Herrschaft erholen, zumal sie immer wieder von feindlichen Einfällen heimgesucht wurden. Der wirtschaftliche Schwerpunkt des Reiches verschob sich in der komnenischen Zeit auf den Balkan.

2. Der Erste Kreuzzug und seine Folgen

Über die Ursachen der Kreuzzugsbewegung kann an dieser Stelle nichts gesagt werden. Es mag ausreichen, wenn wir eine Melange aus religiösen, sozialen und persönlichen Motiven annehmen, die in ihrer Gesamtheit den überraschend großen Erfolg der Aufforderung Papst Urbans II., auf den Kreuzzug zu gehen, begründeten. Daß Pilgerfahrten nach Jerusalem in den letzten Jahrzehnten vor dem ersten Kreuzzug schwieriger geworden waren, tat ein übriges.

Der Anlaß hingegen war eine Bitte des byzantinischen Kaisers um militärische Hilfe gegen die Seldschuken gewesen, die vom Papst aufgegriffen, dann aber – möglicherweise, weil dies mehr Erfolg versprach – um das spektakulärere Endziel Jerusalem erweitert worden war. So entstand von vornherein ein Mißverständnis, das die künftigen Beziehungen zwischen Byzanz und den Kreuzfahrern belasten sollte: Die Griechen erwarteten ein militärisches Hilfsunternehmen, das ihren eigenen Absichten dienen sollte: im besten Fall einige Truppen, im schlechtesten wenigstens ein paar Söldner, die unter byzantinischem Befehl gegen die Seldschuken kämpfen, dann wieder nach Hause zurückkehren oder sich, wie andere vor ihnen, in der Romania niederlassen würden. Die Kreuzfahrer hingegen wollten zwar Byzanz helfen, im Vordergrund stand für sie aber die Befreiung des Heiligen Landes und zumindest für einige von ihnen die Errichtung eigener Herrschaften dort.

Syrien und Palästina gehörten jedoch zur byzantinischen Interessensphäre, und der Kaiser war an allem interessiert, nur nicht an der Entstehung neuer, unabhängiger Mächte auf oder an der Grenze zu seinem Gebiet. Hinzu kam, daß mit dem Normannen Bohemund ein alter Feind des Reiches eine führende Rolle bei den Kreuzfahrern spielte, was in Byzanz naturgemäß den Verdacht wecken mußte, daß hier ein verdeckter Angriff auf das Reich geplant oder zumindest nicht auszuschließen war.

1096 trafen die Kreuzfahrer nacheinander in Konstantinopel ein, und es kam zum Eklat, ja sogar zu offenen Kämpfen, aus denen der Kaiser allerdings als Sieger hervorging. Selbst die ehrgeizigsten Kreuzfahrer mußten einsehen, daß der Kreuzzug ohne Byzanz kaum und gegen Byzanz gar nicht durchzuführen war. So wurden schließlich eine Reihe von Abkommen getroffen, die zwar die Form westlicher Lehnsverträge hatten, in denen die Kreuzfahrer sich aber verpflichten mußten, ihre Eroberungen dem Kaiser zu überlassen.

Byzanz hatte damit seine Forderungen durchgesetzt, zugleich aber die Kreuzfahrer, die eine solche Behandlung nicht erwartet hatten, zutiefst verärgert. Zudem verfolgte Bohemund, der seinen Lehnseid ohne Zögern geleistet hatte, dessen ungeachtet weiterhin den Plan, eine eigene Herrschaft zu gründen. So verlief der weitere Kreuzzug denn auch dementsprechend: Zunächst eroberte man Nikaia, das dem Reich zurückgegeben wurde. Dann zogen die Kreuzfahrer mit byzantinischer Hilfe nach Antiocheia, das Bohemund nach der Eroberung unter Mißachtung der Vereinbarungen mit Byzanz für sich gewann, so daß es zum Bruch zwischen Griechen und Kreuzfahrern kam. In Syrien und Palästina entstanden mit dem Königreich Jerusalem, dem Fürstentum Antiocheia sowie Edessa und Tripolis vier lateinische Staaten, von denen zumindest Antiocheia in offener Gegnerschaft zu Byzanz stand.

Schlimmer waren allerdings die Folgen für das „Byzanzbild" in Westeuropa. Während man zuvor mehr oder weniger nebeneinander existiert hatte, ohne daß es zu großen Interessengegensätzen gekommen wäre, galt Byzanz nun auf einmal als Feind der Kreuzfahrer, ja als Verbündeter der Ungläubigen gegen die lateinische Christenheit. Das Byzanzbild im lateinischen Europa, das bis dahin eher von Bewunderung für den Reichtum und die grandiose – römische – Vergangenheit Ostroms geprägt und allenfalls durch das Schisma von 1054 und den Streit zwischen dem Ost- und dem Westkaiser um den jeweiligen Vorrang beeinträchtigt worden war, schlug jetzt ins Negative um und sollte sich davon auch nie wieder erholen. Byzanz wurde nun in der Tat vom einst bewunderten Vorbild zum Konkurrenten und zum Feind. Die Eroberung Konstantinopels durch den Vierten Kreuzzug 1203/04 wäre ohne diesen Hintergrund kaum denkbar gewesen.

Zunächst freilich hatte Alexios I. Komnenos Erfolg. Auf dem Balkan hatte er die Lage wieder unter Kontrolle bekommen. In Kleinasien gelang es ihm, im Gefolge des Kreuzzugs die Küstengebiete der Halbinsel zurückzugewinnen und auch die mehr oder weniger unabhängigen Herrschaften, die nach 1071 entstanden waren, wieder an das Reich anzugliedern. Die Kreuzfahrerstaaten konnte er zwar nicht erobern, aber einen erneuten Angriff Bohemunds schlug er zurück und zwang den Normannen in dem Vertrag von Devol 1108 zur Anerkennung der byzantinischen Ansprüche, ohne diese allerdings gegenüber dessen Nachfolgern durchsetzen zu können.

Zur See freilich war Byzanz nach wie vor völlig von der Hilfe Venedigs abhängig, das die byzantinische Politik gegen die Kreuzfahrerstaaten nur zögernd und widerwillig unterstützte. Um hier ein Gegengewicht zu schaffen, schloß Alexios 1111 einen Vertrag mit Pisa ab, in dem die Pisaner gleichfalls ein Quartier in Konstantinopel, gewisse Steuernachlässe und andere Vergünstigungen erhielten, die sie zwar nicht auf den Stand der Venezianer brachten, aber doch ihren Handel in der Romania begünstigten. Insgesamt gesehen gestaltete die Lage des Reiches sich 1118 bei dem Tod des Alexios weitaus günstiger als zu Beginn seiner Regierungszeit. Byzanz schien wieder eine Zukunft zu haben.

3. Das Ringen um die Vorherrschaft im östlichen Mittelmeerraum: Johannes II. und Manuel I. Komnenos (1118–1180)

Die Lage, in der die byzantinischen Kaiser sich im 12. Jahrhundert befanden, gestaltete sich weitaus komplizierter als jemals zuvor: Einerseits war mit Kleinasien die alte Machtbasis des Reiches erschüttert bzw. ganz verloren, während man sich andererseits auf dem Balkan nun den Ungarn und den Kumanen gegenübersah. Und vor allem kam mit den Kreuzfahrern ein neuer Faktor ins Spiel, der in seinen Auswirkungen kaum zu berechnen war. Die Kreuzfahrer hatten ja nicht nur eigene Staaten in der Levante gegründet – deren Potential sich zwar in keinem Fall als stark genug erwies, um Byzanz zu gefährden –, sie zogen jedoch auch die abendländischen Mächte, die sich als Schutzherren der Kreuzritter sahen, in den Vorderen Orient hinein. Folgenreich war auch, daß das Schwergewicht des Reiches sich nach dem Verlust Innerkleinasiens notgedrungen auf den Balkan verlagert hatte. Byzanz rückte damit näher an Westeuropa heran, und Italien wurde so zu einem Vorfeld, das den Herren in Konstantinopel nicht gleichgültig bleiben konnte, da von dort jederzeit Angriffe gegen das neue Kernland des Reiches vorgetragen werden konnten. Dies galt vor allem für die seemächtigen unteritalienischen Normannen, die die Romania denn auch mehrfach angriffen.

Für Byzanz war es von überragender Wichtigkeit, diese Normannen im Zaum zu halten, zu welchem Zweck Johannes II. und Manuel I. sich mit wechselndem Erfolg mit den Deutschen verbündeten. Dieses Bündnis zerbrach, als die Deutschen unter Friedrich I. Barbarossa eigene Expansionspläne forcierten, die jetzt auch Unteritalien einschlossen, was für Byzanz eine noch größere Bedrohung sein mußte, als es die Normannen aufgrund ihres doch vergleichsweise geringeren Kräftepotentials je hätten sein können. Zudem entwickelte Manuel I. auch eigene Ambitionen, die ihn seine Kräfte wiederholt überschätzen ließen und zu manchen Rückschlägen führten. So kam es zwischen 1153 (Konstanzer Vertrag zwischen Papst und Friedrich Barbarossa) und 1180 (Tod Manuels I.) zu weitreichenden diplomatischen, finanziellen und auch militärischen Auseinandersetzungen, die letztendlich mit Vorteilen für das Deutsche Reich endeten. Auch wenn Barbarossa sich in Italien nicht vollständig durchsetzen konnte – dies gelang erst, als nach dem Tod Manuels keine gezielte byzantinische Außenpolitik mehr stattfand –, so war Byzanz gegen Ende der siebziger Jahre doch weitgehend isoliert.

Vor allem diese Verbindung von Ost- und Westpolitik überforderte die Kaiser. Die Kreuzfahrerstaaten lagen zwar im Orient, doch die byzantinische Politik ihnen gegenüber hatte zugleich den Westen zu berücksichtigen, der das Schicksal der Kreuzritter genau verfolgte und auf Angriffe gegen sie seinerseits mit eigenen offensiven Anstrengungen reagierte. Zwar richteten die späteren Kreuzzüge sich im allgemeinen gegen die muslimischen Nachbarn der Kreuzritter, aber auch Byzanz wurde – zu Recht – als potentielle Bedrohung angesehen, und es hat sowohl auf dem Zweiten wie auf dem Dritten Kreuzzug Stimmen gegeben, die einen Angriff auf Konstantinopel befürworteten, von Plünderungen und Ausschreitungen in den byzantinischen Provinzen auf dem Marschweg der Kreuzfahrer ganz zu schweigen.

Unter Johannes II. reagierte Byzanz im Westen eher defensiv, während es im Osten gegen die Kreuzfahrerstaaten mobil machte. Manuel I. hingegen verzichtete auf eine Unterwerfung der Kreuzritter, die militärisch vielleicht möglich gewesen wäre. Er strebte vielmehr mit friedlichen Mitteln – vor allem unter Einsatz einer mit hohen Geldzahlungen verbundenen Heiratspolitik – eine Vorherrschaft des Reiches an: Eine Politik, die lange Zeit erfolgreich war, aber nach dem Tod des Kaisers nicht fortgeführt wurde.

Zur See hatten die Venezianer ein starkes Übergewicht errungen, gegen das Johannes und vor allem Manuel mit Pisa und Genua ein Gegengewicht zu bilden suchten. Aber auch die italienischen Seestädte blieben von den Vorgängen in Italien nicht unberührt, und so kam es 1171 zum Bruch mit

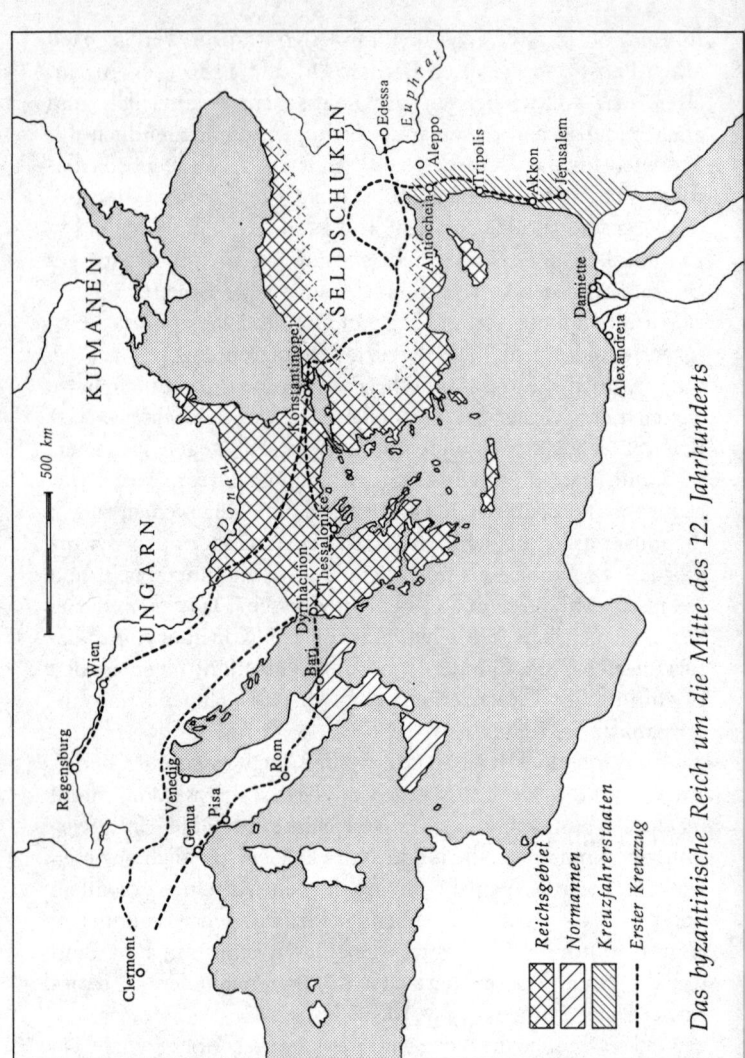

Das byzantinische Reich um die Mitte des 12. Jahrhunderts

Reichsgebiet
Normannen
Kreuzfahrerstaaten
Erster Kreuzzug

Venedig, der zwar nicht lange währte (1185 und 1187 erhielten die Venezianer neue Verträge, die auch Schadensersatzzahlungen für die erlittenen Schäden vorsahen), der aber doch zu einer starken Abkühlung der Beziehungen zwischen beiden Mächten führte.

Insgesamt gesehen kann man wohl sagen, daß das Reich im 12. Jahrhundert eine ambitionierte Großmachtpolitik betrieb, um seine Position im östlichen Mittelmeerraum zu halten. Diese Politik war zwar im wesentlichen erfolgreich, beanspruchte aber die tatsächlich vorhandenen Ressourcen in gefährlicher Weise. Als Manuel I. 1180 starb, hatte er zwar mehr oder weniger die Position des Reiches gehalten, aber eben nur unter Anspannung aller Kräfte und nicht ohne Risiko. Es bedurfte kluger Politik, um die Lage auch weiterhin zu meistern.

4. Der Zusammenbruch (1180–1204)

Kluge Politik setzt eine anerkannte und fähige Regierung voraus, und genau hieran sollte es Byzanz in den Jahren zwischen 1180 und 1204 mangeln. Als Manuel I. 1180 starb, hinterließ er keinen regierungsfähigen Nachfolger, sondern in Alexios II. einen zehnjährigen Sohn, für den ein Regentschaftsrat die Geschäfte führte, der aber von vornherein auf Widerstand stieß. Einer der Gründe hierfür war die Beteiligung der Kaiserinwitwe Maria, einer fränkischen Prinzessin aus den Kreuzfahrerstaaten, an deren Person sich lateinerfeindliche Ressentiments entzündeten. Solche hatte es zwar schon unter Manuel gegeben, von dem zahlreiche Lateiner an den Hof in Konstantinopel gezogen worden waren; sie waren unter ihm dank seiner Autorität aber nicht offen zutage getreten. Während der schwachen Regentschaft brachen sie nun aus.

Es kam zu Usurpationsversuchen und Aufständen, bis sich 1182 mit Andronikos I. ein älteres Mitglied der Komnenenfamilie durchsetzte, das bis dahin hauptsächlich durch seine Eskapaden und seine Feindschaft gegenüber Manuel aufgefallen war. Andronikos war ein Außenseiter innerhalb der Herrscherfamilie, der durch die Ermordung des jungen Alexios II.

noch zusätzlichen Widerstand vor allem innerhalb der herrschenden Klasse provozierte, der sich wiederum in zahlreichen Aufständen und Pronunciamentos Bahn brach. 1185 wurde Andronikos gestürzt und ermordet.

Die Lage besserte sich aber keineswegs, denn mit Isaak II. Angelos kam – eher zufällig – ein Kaiser auf den Thron, der nicht der eigentlichen Komnenenfamilie, sondern einem angeheirateten Seitenzweig angehörte und bis dahin auch in keiner Weise persönlich hervorgetreten war. Wie der byzantinische Chronist Niketas Choniates schreibt, erkannten die Komnenen ihn nicht an, sondern jeder einzelne fühlte sich jetzt zum Kaiser berufen und strebte nach der Herrschaft. Weder Isaak II. noch nach ihm seinem Bruder Alexios III. gelang es, diesen Widerstand zu überwinden und sich im ganzen Reich durchzusetzen.

Der Autoritätsverfall des Kaisertums zeigte sich hierbei auf zweierlei Weise: Zum einen wurden immer wieder Versuche unternommen, den amtierenden Kaiser zu stürzen und sich selbst an dessen Stelle zu setzen. Zum anderen aber zerfiel das Reich, da viele lokale Machthaber sich mehr oder weniger selbständig machten und sich um den Kaiser in Konstantinopel nicht weiter kümmerten. Das aber setzte eine Spirale in Gang, die zu einem geradezu galoppierenden Machtverfall der Zentralregierung führte: Die Aufstände entzogen dem Kaiser die dringend notwendigen Mittel, die er brauchte, um mit den äußeren Feinden fertig zu werden, und diese Kämpfe wiederum hinderten ihn daran, sich mit seinen inneren Gegnern auseinanderzusetzen, was dann zu neuen Aufständen und Unabhängigkeitsbestrebungen führen mußte.

An äußeren Gegnern herrschte kein Mangel, und sie wurden durch byzantinische Ungeschicklichkeiten noch zahlreicher. 1182 war es im Zuge der Auseinandersetzungen um die Machtergreifung des Andronikos zu einem Massaker an Genuesen und Pisanern in Konstantinopel gekommen. Sowohl Genua als auch Pisa wurden damit zu Feinden des Reiches, ebenso wie Venedig seit 1171. Da es eine eigene byzantinische Flotte, die sich zur Zeit Manuels zu großen Teilen aus italienischen Söldnern zusammengesetzt hatte, praktisch nicht mehr gab, war das Reich zur See wehrlos, was zu einem starken Anstieg der Piraterie führte. Die Normannen nutzten die Lage zu einem Angriff auf Thessalonike, das 1185 erobert und geplündert wurde. Es gelang Isaak II. zwar, mit den drei Seestädten zu neuen Verträgen zu kommen, aber das Verhältnis blieb zerrüttet.

Zu Lande brach ab 1186 in den bulgarischen Provinzen ein Aufstand aus, der zur Wiederentstehung eines selbständigen Bulgarien führte. Ebenso gab es Auseinandersetzungen mit Ungarn und Serben, durch die der byzantinische Balkan in Mitleidenschaft gezogen wurde. Der Dritte Kreuzzug wiederum, in dessen Verlauf ein deutsches Kreuzheer unter Friedrich Barbarossa das Reich durchquerte, führte zum endgültigen Verlust Zyperns, das sich allerdings schon zuvor vom Reich gelöst hatte, und zu schweren Spannungen zwischen Byzanz und den Deutschen. Das Reich war damit fast völlig isoliert, und die deutsche Inbesitznahme des normannischen Süditalien (nach der Heirat zwischen Barbarossas Sohn Heinrich VI. und Konstanze, der Erbin des Normannenstaates, 1186) beschwor auch von dieser Seite die Gefahr einer großen Invasion herauf, die nur durch den unerwarteten Tod Kaiser Heinrichs VI. gebannt wurde.

Ob Byzanz aus dieser Notlage wieder herausgefunden hätte, läßt sich nicht mehr sagen, denn der Vierte Kreuzzug setzte allen solchen Versuchen ein Ende.

Die Gründe für die Ablenkung des Vierten Kreuzzugs sind in der Forschung umstritten. Fest steht aber, daß die Kreuzfahrer, die ursprünglich über See gegen Ägypten ziehen wollten, in eine solche finanzielle Abhängigkeit von Venedig gerieten, daß sie sich den venezianischen Wünschen widerstandslos fügen mußten. Für Venedig aber war ein Kreuzzug gegen Ägypten aus wirtschaftlichen Erwägungen heraus wenig wünschenswert. In Byzanz hingegen war die politische und ökonomische Lage so desolat, daß an eine auch nur halbwegs rentable Nutzung der von den Kaisern erteilten Privilegien nicht zu denken war. Der Kreuzzug schien eine Möglichkeit zu sein, dies zu ändern und zumindest eine freundlichere Regierung in Konstantinopel zu installieren. Eine realistische Erfolgschance versprach man sich zusätzlich durch einen byzantinischen Prätendenten, der sich im Lager der Kreuzfahrer befand und goldene Berge versprach, wenn man ihm helfen würde.

1203 erschienen die Kreuzfahrer vor Konstantinopel und setzten die Thronbesteigung des von ihnen unterstützten Alexios IV. Angelos durch. Aber von den versprochenen goldenen Bergen sahen sie nichts, im Gegenteil wurde Alexios IV. wenig später gestürzt, und es setzte sich erneut eine lateinerfeindliche Richtung in Konstantinopel durch. Daraufhin beschlossen die Kreuzfahrer den Angriff auf die Stadt und nahmen sie am 13. April 1204 ein. Der regierende Kaiser Alexios V. wurde hingerichtet, und man installierte einen eigenen, lateinischen Kaiser. In gewisser Weise schloß sich damit der Kreis, der mit der Bitte des byzantinischen Kaisers um militärische Unterstützung vor dem Ersten Kreuzzug begonnen hatte. Was einst ins Werk gesetzt worden war, um den Griechen zu helfen, hatte ein gutes Jahrhundert später mit der Eroberung Konstantinopels und der – versuchten – Beseitigung des byzantinischen Kaisertums ein unvorhersehbares Ende gefunden, das aber fast folgerichtig aus den unterschiedlichen Motiven und Absichten der beteiligten Mächte resultierte, die miteinander nicht in Einklang gebracht werden konnten.

5. Gesellschaftliche und kulturelle Entwicklung

Eines der wesentlichsten Probleme des 9. und vor allem des 10. Jahrhunderts war das weitgehende Verschwinden der kleineren freien Bauern und Bauernsoldaten. Ein zweites Problem, das damit zusammenhing, war das Erstarken des Adels, der in der Provinz mehr und mehr die Zugriffsmöglichkeiten der Zentralregierung schmälerte. Aus diesen Veränderungen zog als erster Kaiser Alexios I. Komnenos die Konsequenzen und setzte jetzt ganz auf den Adel als entscheidende Schicht. Das Reich feudalisierte sich gewissermaßen, ohne allerdings je de jure eine Festlegung vorzunehmen, wie es im lateinischen Mittelalter der Fall gewesen ist. Damit war diese Entwicklung in Byzanz labiler und im Einzelfall auch leichter wieder in Frage zu stellen.

Diese „Feudalisierung" ist auch in den Schichten unterhalb der großen Adelsfamilien zu beobachten. So vergaben die Kaiser jetzt nicht mehr Soldatengüter, die vom Besitzer mehr oder weniger selbst bewirtschaftet wurden, sondern Besitzungen in „Pronoia". Zunächst erhielten die „Pronoiare" nur die Nutzungsrechte an ihren Gütern für einen bestimmten Zeitraum, bald aber auch auf Lebenszeit, und schließlich wurden sie sogar erbberechtigt, so daß sie – allerdings wiederum ohne die formalen und ideellen Bedingungen des lateinischen Mittelalters – in gewisser Weise westlichen Rittern ähnlich schienen.

Das Reich wurde in der Komnenenzeit von einer Reihe großer Geschlechter beherrscht, an deren Spitze die kaiserliche Familie stand. Ein Aufstieg von unten oder von außen war immer noch möglich, aber bei weitem nicht mehr so häufig wie in den vorangegangenen Jahrhunderten.

Die Autorität des Kaisertums nährte sich also nicht mehr allein aus der Stellung des Kaisers, sondern ebenso aus dessen Position als Oberhaupt der mächtigsten Familie – man könnte auch sagen: des mächtigsten Clans – des Reiches, und die Loyalität der anderen großen Familien wurzelte nicht zuletzt in den bewußt und zumeist durch Heirat angeknüpften und gepflegten verwandtschaftlichen Beziehungen zwischen den führenden Geschlechtern. Dies war die Basis, auf der Alexios I., Johannes II. und Manuel I. Komnenos ihre Politik betrieben. Das System offenbarte aber in dem Augenblick seine Schwächen, als die Personalunion „Kaiser" und „Familienoberhaupt" nicht mehr existierte, wie es nach 1180 der Fall war. Hierin ist der eigentliche Hintergrund für den Zusammenbruch der Reichsstruktur zwischen 1180 und 1204 zu sehen.

Ein weiterer Grund bestand in der wirtschaftlichen Situation. Byzanz hat im 12. Jahrhundert einen großen Teil seiner Einnahmen aus dem Export vor allem landwirtschaftlicher Produkte bezogen, die in den Kreuzfahrerstaaten und besonders in Italien begehrt waren. Dieser Handel wurde im wesentlichen von italienischen Kaufleuten aus Venedig, Pisa und Genua abgewickelt, die im Reich zahlreiche Niederlassungen unterhielten. Als es zu politischen Auseinandersetzungen zwischen den Byzantinern und diesen Städten kam, wurde auch der Handel in Mitleidenschaft gezogen. Den Kaisern sollte damit nach 1180 ein großer Teil ihrer früheren Einnahmen entzogen werden, was ihre Position zusätzlich schwächen mußte. Auch dies trug zu ihrem rapiden Machtverfall vor dem Vierten Kreuzzug bei.

Im kirchlichen Bereich gab es hingegen keine großen Veränderungen. Trotz verschiedentlicher, von den Kaisern geförderter Versuche gab es keine Wiederherstellung der Kircheneinheit zwischen Ost und West, wozu die wachsende Lateinerfeindlichkeit in Byzanz, die nicht zuletzt aus den Problemen mit Kreuzfahrern und Italienern resultierte, ihren Teil beigetragen haben mag. Größere Auseinandersetzungen zwischen kirchlicher und weltlicher Macht sind gleichfalls nicht zu vermelden. Beide Seiten scheinen sich in dieser Zeit miteinander arrangiert zu haben.

Im Bereich der Kultur blieb das Aufeinandertreffen von Griechen und Lateinern natürlich nicht ohne Folgen, auch wenn beispielsweise in der Literatur „lateinische" Stoffe erst später in stärkerem Maße in Byzanz Eingang gefunden haben. Im Gegenteil können wir im 12. Jahrhundert eher eine weitere Renaissance der klassischen griechischen Bildung verzeichnen, mit der sich Namen wie Eustathios von Thessalonike, Niketas und Michael Choniates verbinden, um nur einige wenige herausragende Protagonisten zu nennen. Ob diese Renaissance ihre Wurzeln in dem Bestreben hatte, gegen die eindringenden Lateiner sozusagen neue bildungsmäßige Schranken aufzubauen, oder ob man in Byzanz durch die wachsenden Probleme so verunsichert war, daß man in einer erneuten Wiederbelebung der alten unvergleichlichen antiken Bildung seine Rettung suchte, um sich wenigstens auf diesem Gebiet von den ungebildeten „Barbaren" abzusetzen, ist eher eine Glaubensfrage, als daß es sich wissenschaftlich zweifelsfrei entscheiden ließe.

VII. Zerfall und Untergang (1204–1453)

1. Konstantinopel unter „lateinischer" Herrschaft (1204–1261)

Mit der Eroberung Konstantinopels schien das Ende des byzantinischen Reiches besiegelt zu sein. Zumindest glaubten das die Eroberer, die schon vor der Erstürmung der Stadt das Reich unter sich aufgeteilt hatten. Den größten Teil erhielten die Venezianer, die nicht nur einen Großteil der Inseln beanspruchten, sondern darüber hinaus auch drei Achtel Konstantinopels, Abgabenfreiheit im ganzen ehemals byzantinischen Staatsgebiet und andere Vorteile gewannen, deren nicht geringster die Ausschaltung ihrer bisherigen Rivalen Pisa und Genua war. Außerdem bestieg ein Venezianer den Patriarchenthron von Konstantinopel, womit auch die vom Papst so sehnlichst gewünschte Kirchenunion erreicht zu sein schien. Venedig ist zweifellos der eigentliche Gewinner des Vierten Kreuzzugs gewesen, nicht das Heilige Land, dem der Zug ursprünglich gegolten hatte. Dieses erlitt im Gegenteil sogar Nachteile, da viele, angezogen von den Fleischtöpfen der Romania, dorthin abwanderten und damit die Verteidigungsbereitschaft der Kreuzfahrerstaaten in Syrien und Palästina schmälerten.

Aber auch für die nichtvenezianischen Teilnehmer des Vierten Kreuzzugs entsprachen die tatsächlichen Ergebnisse nicht den ursprünglichen Erwartungen, denn obwohl Konstantinopel erobert worden war, hatte das doch nicht automatisch zur Folge, daß nach der Hauptstadt auch alle Provinzen des byzantinischen Reiches wie Dominosteine fielen und unter den Eroberern verteilt werden konnten. Das wäre vielleicht in früheren Jahrhunderten der Fall gewesen, doch wie wir im letzten Kapitel gesehen haben, hatte das Reich unter den Komnenen und Angeloi eine gewisse „Feudalisierung" durchgemacht, die auch zu einer stärkeren Unabhängigkeit der Provinzen von Konstantinopel geführt hatte. Im Gegensatz zu früher war jetzt eine selbständige Existenz einzelner Provinzen möglich.

Schon vor dem Vierten Kreuzzug war Trapezunt mehr oder weniger unabhängig geworden, und andere Provinzen hatten ein Eigenleben geführt, ohne daß die Kaiser ernsthaft dagegen einzuschreiten vermocht hätten. Dieser Trend verstärkte sich nach dem Verlust Konstantinopels weiter: In Kleinasien errichtete Konstantin Laskaris eine eigene Herrschaft, die ganz bewußt auch die Tradition des byzantinischen Kaisertums aufnahm. Ob sich Konstantin schon selbst zum Kaiser krönen ließ, ist bis heute umstritten, jedenfalls tat es sein Bruder Theodoros I. Laskaris, der zudem als Schwiegersohn Alexios' III. Angelos eine gewisse dynastische Legitimität für sich ins Feld führen konnte. Auf dem Balkan etablierte sich in Epiros unter einem Zweig der Angelosfamilie eine weitere byzantinische Herrschaft, die sich nahezu zwei Jahrhunderte halten sollte. Hinzu kam aber auch das in den achtziger Jahren des 12. Jahrhunderts neugegründete Bulgarenreich, das vor allem unter dem Zaren Kalojan rasch erstarkte und zu einer der führenden Mächte der Region wurde.

Diese Entwicklung hätten die Kreuzritter nur dann zu verhindern vermocht, wenn sie sofort nach der Einnahme Konstantinopels energisch an die Eroberung der byzantinischen Provinzen gegangen wären. Selbst dann aber hätten sie erheblich mehr Kräfte gebraucht, als sie tatsächlich aufbringen konnten. Zudem waren sie so unklug, auch diejenigen unter den Byzantinern, die zu einer Zusammenarbeit bereit gewesen wären, vor den Kopf zu stoßen und so in den Widerstand zu treiben. Dies zeigte sich schon 1205, als die Griechen Thrakiens gegen die Lateiner die Bulgaren zu Hilfe riefen. Der lateinische Kaiser Balduin wurde von Kalojan vernichtend geschlagen und selbst gefangengenommen. Fast wäre das lateinische Kaiserreich schon damals wieder untergegangen. Aber in jedem Fall erleichterte diese Katastrophe den Byzantinern die Etablierung ihrer eigenen Herrschaften.

Wir können in den Jahren nach dem Vierten Kreuzzug eine so starke Zersplitterung der lokalen Mächte feststellen, daß man eigentlich von einem Machtvakuum sprechen muß, das sich nur langsam wieder füllte.

Auf byzantinischer Seite waren dies in Kleinasien Trapezunt – das aber in der allgemeinen Politik nur eine Randrolle spielte – und vor allem Nikaia sowie auf dem Balkan das Despotat von Epiros, das gleichfalls bald auf Kosten seiner lateinischen Nachbarn expandieren sollte. Die wichtigsten „fränkischen" Mächte waren das lateinische Kaisertum in Konstantinopel, dann das Königreich Thessalonike, das aber schon 1224 an Epiros fiel, sowie diverse, zumeist kleinere lateinische Fürstentümer, die im wesentlichen auf der Peloponnes, in Attika und Boiotien lagen. Dazu kamen die venezianischen Besitzungen auf den Inseln der Ägäis und auf Kreta. Später sollte sich auch Genua in der Ägäis etablieren, während Pisa kaum noch eine Rolle spielte.

Nikaia profitierte davon, daß in Kleinasien das Seldschukensultanat am Zerfallen war, so daß die Byzantiner dort, von den ersten Jahren nach 1204 einmal abgesehen, relativ ungestört ihren „Exilstaat" auf- und ausbauen konnten, während auf dem Balkan das Despotat von Epiros in seinem Expansionsdrang schließlich von den Bulgaren gestoppt wurde, die den Truppen des Despotats 1230 bei Klokotnica eine empfindliche Niederlage zufügten. Epiros schied damit zunächst als Konkurrent um die Wiedergewinnung Konstantinopels aus, wo das lateinische Kaiserreich dahinsiechte und eigentlich nur von den Venezianern am Leben gehalten wurde. Die lateinischen Machthaber im südlichen Griechenland waren ohnehin froh, daß sie nicht im Zentrum der Auseinandersetzungen standen.

Es gelang den Kaisern aus Nikaia, gute Verbindungen zu den Staufern unter Friedrich II. aufzubauen, was die Unterstützung der Lateiner weiter beeinträchtigte. Auch mit den Venezianern kam man zu neuen Verträgen, vor allem aber gelang es, im Vertrag von Nymphaion 1261 Genua auf die Seite Nikaias zu ziehen, womit zur See ein gewisses Gegengewicht zu Venedig geschaffen wurde. Zwar hatte auch das Despotat von Epiros, das sich von der Niederlage von 1230 erholt hatte, in Verbindung mit den anderen lateinischen Mächten auf dem Gebiet der Romania und auch unterstützt von dem staufischen König Manfred seinerseits Ambitionen auf Konstantinopel, doch unterlag diese Koalition 1259 in der Schlacht von Pelagonia ihrer byzantinischen Konkurrenz aus Kleinasien. 1261 fiel dann Konstantinopel folgerichtig an den in Nikaia residierenden Kaiser zurück. Das „Exil" des byzantinischen Kaisertums hatte damit nach etwas mehr als einem halben Jahrhundert sein Ende gefunden.

2. Verteidigung gegen Westen und endgültiger Verlust Kleinasiens: Michael VIII. und Andronikos II. Palaiologos

Wie nicht anders zu erwarten, löste die Rückeroberung Konstantinopels durch die schismatischen Griechen im Abendland eine neue Welle von Byzanzfeindlichkeit aus, so daß bald Koalitionen geschmiedet wurden, um dem lateinischen Kaiser – der noch lange Zeit im Westen als Titularkaiser residieren und Ansprüche auf Konstantinopel erheben sollte – wieder zu seinem Reich und zu seiner Hauptstadt zu verhelfen. Komplizierter wurde die Situation auch noch dadurch, daß die Staufer, die früheren Verbündeten Nikaias und Feinde des Papsttums in Italien, sich nach dem Tod Friedrichs II. mit Epiros gegen Nikaia verbündet hatten. Als 1268 in der Schlacht bei Tagliacozzo mit Konradin der letzte Staufer unterlag und bald darauf hingerichtet wurde, übernahmen die neuen Herren – die dem französischen Herrscherhaus Anjou angehörten – auch die antibyzantinischen Ambitionen ihrer Vorgänger; und sie genossen, was wichtiger war, dabei die grundsätzliche Unterstützung des Papsttums, das auf diese Weise dem römischen Primat im byzantinisch-orthodoxen Bereich wieder Geltung verschaffen wollte. Neben den lateinischen Mächten der Romania stand auch Epiros auf seiner Seite.

Gegen diese Koalition suchte und fand Michael VIII. Palaiologos andere Verbündete. Der schon erwähnte Vertrag von Nymphaion mit Genua 1261 hatte ein Gegengewicht zu Venedig geschaffen. Außerdem verhandelten byzantinische Gesandte mit Aragon, und man versuchte, Unruhe in Süditalien zu schüren, das keineswegs widerspruchslos an die Anjous gefallen war. Den Papst köderte Michael mit dem Angebot der Union, die auf dem Konzil zu Lyon 1274 vereinbart und feierlich verkündet wurde.

Gegen die fränkischen Staaten auf dem Boden der Romania hingegen ging Byzanz mit Waffengewalt vor. Schon bei Pelagonia hatten die Byzantiner gesiegt und damals Godefroy de Villehardouin, den Herrn des Fürstentums Achaia, gefangengenommen. Michael gab ihn erst frei, als er die Oberhoheit des Kaisers anerkannt und auf einen Teil seiner Besitzungen verzichtet hatte. Zwar löste der Papst ihn nicht unerwartet von diesem Eid; dennoch gelang es Byzanz, in der Peloponnes wieder Fuß zu fassen und das Gebiet des alten Lakonien zurückzugewinnen. Dessen Hauptstadt wurde Mistras, das bis 1460 byzantinisch bleiben sollte, sogar über den Fall Konstantinopels hinaus.

Die Kirchenunion allerdings konnte Michael zwar vereinbaren und feierlich verkünden lassen, durchsetzen aber konnte er sie nicht. Der Widerstand innerhalb der byzantinischen Kirche war zu stark und führte im Gegenteil sogar zu einem internen Schisma. So bildete die antibyzantinische Koalition sich erneut, und es drohte wieder eine militärische Expedition gegen Byzanz, als Michael sein größter Coup gelang: Schon länger hatte es in Unteritalien gegärt, wo viele mit den Anjous unzufrieden waren. Byzanz schürte diesen Widerstand und unterstützte ihn aller Wahrscheinlichkeit nach mit beträchtlichen Geldsummen. 1282 kam es in der sogenannten „Sizilianischen Vesper" zu einem großen Aufstand, der Karl I. von Anjou hinwegfegte und schließlich den König von Aragon zum neuen Herren in Unteritalien und Sizilien machte, womit auch die geplante Offensive gegen Byzanz ein für allemal erledigt war. Aus dem Westen hatte Byzanz in Zukunft zwar noch mancherlei Ungelegenheiten zu befürchten, aber zu einem direkten Angriff sollte es von dieser Seite her nicht mehr kommen.

Aber so glänzend Michael VIII. sich auch gegen den Westen durchgesetzt hatte, so kläglich scheiterten er und sein Nachfolger Andronikos II. in Kleinasien. Die Verteidigung gegen die Lateiner absorbierte die Kräfte des Reiches so sehr, daß man Kleinasien mehr oder weniger sich selbst überlassen mußte. Und als im Osten Kleinasiens die Mongolen erschienen und das Reich der Il-Khane gründeten, dem 1258 Bagdad zum Opfer fiel, war dies zwar ein neuer Faktor im Mächtespiel des Vorderen Orients, den Michael VIII. wie gewohnt brillant ausnutzen sollte, aber vor dem mongolischen Druck zogen sich auch zahlreiche Türkenstämme nach Westkleinasien zurück, wo sie sich ihrerseits auf Kosten der Byzantiner neue Machtbasen schufen, von denen aus sie rasch expandierten. Es entstand eine ganze Reihe von neuen türkischen Mächten, genannt seien nur die Emirate von Saruchan, Aydin und Mentesche in der Nachbarschaft der Ägäis und weiter im Inland an der byzantinisch-seldschukischen Grenze die Herrschaft der Osmanen, welche schließlich alle anderen überflügeln sollten.

Nach dem Tod Michaels VIII. zeigte sich, daß Byzanz die Last der groß angelegten Politik dieses Kaisers nicht weiter tragen konnte. Andronikos beschränkte rigoros die Staatsausgaben und verschlechterte auch den Goldgehalt in den von ihm geprägten Münzen. Doch half das wenig, und Byzanz sah sich in Kleinasien schon zu Beginn des 14. Jahrhunderts auf einige feste Plätze reduziert. Das flache Land verödete aufgrund der fortgesetzten türkischen Plünderungen und wurde von seiner christlichen Bevölkerung verlassen, die entweder nach Konstantinopel und auf den Balkan floh oder aber zu den Türken überging.

Als Andronikos nach langer Herrschaft 1328 starb, war von der Großmacht, die Byzanz unter Michael VIII. noch gewesen war, nichts mehr geblieben. Kleinasien war fast vollständig verloren, und auf dem Balkan sah man sich den Serben gegenüber, die unter dem Zaren Stefan Dušan eine Blütezeit erlebten und vor allem auf Kosten der Byzantiner ihr Reich vergrößerten.

3. Die Bürgerkriege

Die Zeitspanne zwischen den zwanziger und den sechziger Jahren des 14. Jahrhunderts ist geprägt von einer ganzen Reihe von Bürgerkriegen im byzantinischen Restreich, in denen es zumeist um den Kaiserthron ging und die weniger von grundsätzlichen Auseinandersetzungen um die richtige politische Richtung geprägt waren als vielmehr vom persönlichen Ehrgeiz der Beteiligten. Das begann mit Andronikos III., der gegen seinen Vater Andronikos II. aufbegehrte, und setzte sich vor allem fort mit dem Kampf zwischen Johannes VI. Kantakuzenos und Johannes V. Palaiologos. Die späteren Auseinandersetzungen zwischen Johannes V. und seinem jüngeren Sohn Manuel II. auf der einen und seinem älteren Sohn Johannes VII. auf der anderen Seite waren nurmehr Nachspiele der früheren Kämpfe.

Ein Grund für diese Selbstzerfleischung der Byzantiner ist nur schwer zu erkennen. Sicher hat es unterschiedliche Auffassungen über die Politik gegenüber den Nachbarstaaten gegeben, aber in den Bürgerkriegen vergeudete Byzanz selbst an Kraft, was es noch besaß, und es lud die Feinde nachgerade dazu ein, sich ihrerseits aus den verbliebenen Reichsresten zu bedienen.

Dies galt vor allem für Kleinasien, wo 1326 Brussa (Bursa) fiel, 1331 Nikaia und 1337 Nikomedeia, womit Byzanz de facto aus der Halbinsel vertrieben worden war, abgesehen nur von einigen wenigen isolierten Städten, die aber kaum noch zählten.

In den vierziger Jahren erlebte, wie schon erwähnt, vor allem Serbien eine Blütezeit, die seinen Herrscher sogar davon träumen ließ, an die Stelle des byzantinischen Kaisers zu treten. Aber nach dem Tod Stefan Dušans 1355 zerfiel der serbische Staat wieder, und ohnehin sollte bald ein Stärkerer auf den Plan treten, der Serben, Bulgaren und Byzantinern gleichermaßen überlegen war.

Byzanz war in dieser Zeit weniger ein einheitlicher Staat als eher ein Konglomerat von Adelsherrschaften und -geschlechtern, die sich zwar noch als Byzantiner fühlten, aber durchaus nicht davor zurückschreckten, auch gegen den Kaiser zu arbeiten, wenn dies in ihrem – vermeintlichen – Interesse zu liegen schien, und auch auswärtige Mächte zu ihrer Hilfe ins Land zu rufen. So pflegte beispielsweise Johannes Kantakuzenos gute Beziehungen zu den Türken und arbeitete mit dem Emirat von Aydin zusammen. Als er während des Bürgerkriegs Hilfe brauchte, wandte er sich an die Türken und erhielt von ihnen Truppen, die ihm schließlich den Sieg brachten, die er dann aber nicht wieder los wurde. 1354 besetzten die Türken Gallipoli und faßten damit erstmals dauerhaft auf dem Balkan Fuß. Ob Byzanz ohne die Bürgerkriege diese Entwicklung hätte verhindern können, ist kaum zu sagen. Sicher ist aber, daß die Bürgerkriege den Niedergang weiter beschleunigten und ihn schließlich unumkehrbar machten. Nach der Abdankung Johannes' VI. 1354, der sich in ein Kloster zurückzog, aber noch lange Einfluß auf die byzantinische Politik nahm, war das Ende des Reiches eigentlich absehbar. Daß es sich trotzdem noch ein knappes Jahrhundert halten sollte, war weniger sein eigenes Verdienst, als darin begründet, daß die Türken zunächst wichtigere Feinde im Balkangebiet hatten als ein Byzanz, das nur noch von seiner Vergangenheit zehrte und dessen Kaiser ihnen schließlich sogar tributpflichtig werden sollten.

4. Der Untergang

Nachdem es den Türken einmal gelungen war, sich auf der europäischen Seite der Dardanellen festzusetzen, ergriffen sie bald die Initiative und rückten in das Landesinnere hinein vor. 1369 eroberten sie Adrianopel, das ihre neue Hauptstadt werden sollte. 1371 schlugen sie an der Marica das serbische Heer, 1388 wurde Bulgarien tributpflichtig, dessen Hauptstadt 1393 türkisch wurde, und 1389 wurde auf dem Amselfeld (Kosovo Polje) Serbien erneut vernichtend geschlagen und mußte die türkische Oberhoheit anerkennen.

Diese Expansion einer islamischen Macht in seit alters her christliches Gebiet hinein, mochte es auch orthodoxen und nicht römisch-katholischen Glaubens sein, alarmierte das Abendland. Unter Führung des ungarischen Königs und späteren deutschen Kaisers Sigismund wurde ein Kreuzheer aufgeboten, dem es aber nicht besser ergehen sollte, als den Serben und Bulgaren zuvor. 1396 wurden die Ritter bei Nikopolis geschlagen, Sigismund entkam mit Mühe.

Damit schien auch das Schicksal von Byzanz besiegelt. Sultan Bajezid begann mit den Vorbereitungen für eine Belagerung Konstantinopels, und Hilfe aus dem Westen, für die Kaiser Manuel II. Palaiologos sogar in eigener Person dorthin gefahren war, blieb aus.

Gerettet wurde Byzanz von anderer Seite und ohne eigenes Zutun. In Zentralasien hatte sich aus den Resten des einstigen mongolischen Imperiums unter Timur Lenk (Tamerlan) ein neues Großreich gebildet, das nach allen Himmelsrichtungen expandierte, auch nach Westen gegen die Osmanen Kleinasiens. Bajezid mußte die Belagerung Konstantinopels abbrechen und sich der neuen Bedrohung stellen. Bei Ankara verlor er 1402 Schlacht und Freiheit. Die griechischen Kaiser hatten wieder eine Atempause erhalten.

Nutzen konnten sie sie freilich nicht mehr, da Timur Lenk in den Osten zurückkehrte und wenig später starb. Nach seinem Tod zerfiel das von ihm begründete Reich, und die Osmanen hatten wieder freie Hand, auch wenn es einige Jahre dauern sollte, bis sie ihre Expansionspolitik erneut aufnahmen.

Sie trafen auf dem Balkan auf keine ernstzunehmenden Gegner mehr. Die kleineren lateinischen Staaten auf dem Gebiet des heutigen Griechenland waren schwach geworden. Hier konnte Byzanz tatsächlich noch einige kleinere Triumphe feiern, als es ihm gelang, seine Besitzungen auf der Peloponnes auszuweiten und schließlich die ganze Halbinsel der Autorität des byzantinischen Despotes, der in Mistras residierte, zu unterstellen. Aber den Türken war auch er nicht gewachsen.

Gegen die Osmanen suchten die Kaiser immer wieder Hilfe im Westen. 1439 vollzog Kaiser Johannes VIII. Palaiologos auf dem Konzil von Ferrara-Florenz sogar in eigener Person die Union mit Rom und erkannte den Primat des Papstes an. Außer Vorwürfen in Konstantinopel brachte ihm das wenig. Ein letztes Kreuzheer, das auf päpstliche Initiative hin gegen die Osmanen aufbrach, erlitt 1444 bei Varna das Schicksal seiner Vorgänger. Aus dem Abendland war für Konstantinopel keine Hilfe mehr zu erwarten!

Das Ende kam 1453, als mit Mehmed II. ein neuer energischer Sultan einen weiteren Versuch unternahm, die bis dahin fast unbezwingbar scheinenden Mauern von Konstantinopel zu überwinden. Den neuen Belagerungsmaschinen, die die Türken aufboten, unter ihnen auch Kanonen, hielten die alten Befestigungen, die einst zu Beginn des fünften Jahrhunderts auf Geheiß des Kaisers Theodosios II. erbaut worden waren, nicht mehr stand. Am 29. Mai 1453 erstürmten die Türken die byzantinische Hauptstadt, der letzte Kaiser, Konstantin XI. Palaiologos, fiel im Kampf. Die Hagia Sophia wurde in eine Moschee verwandelt und Konstantinopel zum Zentrum des Osmanischen Reiches. 1460 fiel das Despotat von Mistras auf der Peloponnes, 1461 Trapezunt. Byzanz hatte sein Ende gefunden.

5. Gesellschaftliche und kulturelle Entwicklung

Daß die lateinische Eroberung Konstantinopels und großer Teile der Romania auch ihre Auswirkungen auf die byzantinische Gesellschaft gehabt haben muß, bedarf keiner Diskussion. Für die „einfache" Bevölkerung dürfte es allerdings im Endeffekt wenig ausgemacht haben, von wem sie nun ausgebeutet wurde, von dem lateinischen oder dem eigenen Adel – in den im übrigen ohnehin gerade während des 12. Jahrhunderts viele Ausländer integriert worden waren. Anders stand es mit der Oberschicht. Einige waren durchaus bereit, sich mit den Eroberern zu arrangieren, vorausgesetzt, diese ließen ihnen wenigstens einen Teil ihrer früheren Besitzungen und Privilegien. Als allerdings klar wurde, daß gerade das nicht beabsichtigt war, kam es teils zu heftigem Widerstand, teils wanderte man in die byzantinischen Nachfolgestaaten ab, vor allem nach Nikaia und Epiros, die dadurch einen nicht unerheblichen Kräftezuwachs verbuchen konnten, auch wenn die Zuwanderung von dem lokalen Adel nicht immer widerspruchslos hingenommen wurde. Tatsächlich konnten auch die Lateiner ihre ursprünglich kompromißlose Linie nicht lange durchhalten.

Dennoch war es eine logische Folge der Ereignisse, daß ein großer Teil der im 12. Jahrhundert bestimmenden Adelsfamilien nach 1204 entweder ganz verschwand oder aber an Einfluß verlor, während andere Familien aufstiegen. So ist von den Komnenen – außer in Trapezunt und teilweise in Epiros – und den Dukai kaum noch die Rede, während die Laskariden in Nikaia zur herrschenden Dynastie aufstiegen. Palaiologen und Kantakuzenen gehörten zwar schon vor 1204 zur Oberschicht, aber beide Familien erreichten erst im Laufe des 13. (Palaiologen) und 14. Jahrhunderts (Kantakuzenen) die Spitze der byzantinischen Adelspyramide.

Schon während des 12. Jahrhunderts war die Vergabe von Land und Leuten als „Pronoia" üblich geworden. Dieses System wurde im 13. und 14. Jahrhundert verstärkt fortgesetzt und führte schließlich dazu, daß der Privatbesitz im Vergleich zum „Staatsland" immer mehr Zuwachs erfuhr. Zwar gab es immer noch freie Bauern und Kleingrundbesitzer, aber sie gerieten mehr und mehr in die Minderheit. Vielfach gehörte das Land Großgrundbesitzern, die allerdings vorwiegend in den Städten lebten, nicht zuletzt, weil das Land infolge der zahlreichen Kriege und Bürgerkriege immer unsicherer geworden war.

Hinzu kam, daß es ab der Mitte des 14. Jahrhunderts kaum noch ein größeres, zusammenhängendes Staatsgebiet gab. Byzanz zerfiel jetzt in einzelne Territorien, die mehr oder weniger unabhängig nebeneinander existierten und allenfalls durch persönliche bzw. familiäre Bande zusammengehalten wurden. Dies gilt ab der zweiten Hälfte des 14. Jahrhunderts sowohl für Thessalonike als auch für das Despotat von Mistras auf der Peloponnes, das von Konstantinopel gar nicht mehr effektiv hätte kontrolliert werden können und zeitweilig fast als eine Art Sekundogenitur angesehen wurde.

Wenn wir die wirtschaftliche Entwicklung betrachten, so müssen wir besonders die zunehmende Verarmung vermerken: Sie führte dazu, daß die Zentralregierung zu einer effektiven Kontrolle und Verteidigung des Staatsgebiets gegen äußere Angriffe kaum mehr in der Lage war, was wiederum eine fortlaufende Verschärfung des wirtschaftlichen Notstands zur Folge haben mußte. Verstärkt wurde dieser auch noch dadurch, daß das Reich zur See völlig auf Venedig und Genua angewiesen und damit erpreßbar geworden war. So fielen nicht nur Steuern und Abgaben fort, sondern auch der byzantinische Fernhandel, der schon vor 1204 schwer unter der italienischen Konkurrenz gelitten hatte, verschwand völlig von der Bildfläche. Selbst die günstige Lage Konstantinopels zwischen Mittelmeer und Schwarzem Meer brachte kaum noch Vorteile, da der Transithandel von den Genuesen dominiert wurde, die mit dem Konstantinopel gegenüber liegenden Galata eine praktisch unabhängige Stadt besaßen, die den Handel von der byzantinischen Hauptstadt abzog.

Daß viele für diese Mißstände die Lateiner verantwortlich machten, muß nicht verwundern. In gewisser Weise hatten sie damit ja auch durchaus Recht. Vor allem aber taten die Lateiner nach 1204 wenig, um diesem Eindruck entgegenzuwirken. Dies galt auch und besonders im kirchlichen Bereich. Die byzantinische Kirche hätte sich mit der Eroberung selbst vielleicht abgefunden. Aber die sofortige Einsetzung des Venezianers Thomas Morosini als Patriarchen von Konstantinopel – obwohl der griechische Patriarch Johannes X. Kamateros (1198–1206) weder gestorben war noch abgedankt hatte – trieb sie zwangsläufig in den Widerstand. 1208 übernahm Nikaia mit der Wahl des Patriarchen Michael IV. Autoreianos die Konstantinopolitaner Tradition und setzte sich schließlich sowohl gegen die lateinische Konkurrenz in Konstantinopel wie auch gegen die griechisch-orthodoxe im Despotat Epiros durch.

Die wichtigste kirchenpolitische Folge der „lateinischen" Radikalität von 1204 aber ist eine geradezu extrem wachsende Lateinerfeindlichkeit. Nach 1204 war eine Union mit Rom in Byzanz nicht mehr durchsetzbar. Zwar haben einige Kaiser für sich selbst die Union vollzogen und auch die Spitzen der Kirche hierzu bewegen können. Aber diese Versuche scheiterten immer wieder am Widerstand von Klerus und Bevölkerung. Auch die letzte religiöse Bewegung in der griechisch-orthodoxen Kirche, der Hesychasmus im 14. Jahrhundert, dessen Theoretiker und Wortführer Gregorios Palamas war, hatte zwar ihre Wurzeln in der schon immer in der Ostkirche vorhandenen mystischen Spiritualität. Ihre Schärfe und Durchschlagskraft entwickelte diese Bewegung aber erst in der Auseinandersetzung mit den verhaßten Lateinern. Die Orthodoxie war für die Byzantiner der Spätzeit neben der „klassischen" Bildung der zweite Anker für ihr Selbstverständnis, und das um so mehr, je verzweifelter die politisch-wirtschaftliche Situation wurde.

So war es auch kein Wunder, daß auf kulturellem Gebiet eine weitere „Renaissance" einsetzte, die in dem Rekurs auf die „klassische" Vergangenheit ein Mittel der Selbstbehauptung sah. Gelehrte wie Theodoros Metochites, Nikephoros Gregoras oder später auch Georgios Gemistos (Plethon) sind nur die herausragendsten unter den byzantinischen Denkern dieser Zeit, die Trost und Selbstbestätigung in den Schriften der Antike suchten.

Natürlich war für einige der siegreiche Westen auch ein Vorbild, dem es nachzueifern galt. So fanden beispielsweise die Werke des Thomas von Aquin durch die Brüder Demetrios und Prochoros Kydones ihren Eingang in die byzantinische Welt. Aber sie konnten sich nicht durchsetzen, sondern stießen im Gegenteil auf einen erbitterten Widerstand, der bis zur physischen Gewaltanwendung führte. Für die überwiegende Mehrheit der Byzantiner war eine Übernahme des Gedankenguts der verhaßten Lateiner undenkbar. Daran änderte auch nichts, daß es daneben einzelne Personen gab, die das immer trostloser werdende Byzanz verließen und in den Westen, vor allem nach Italien, gingen, wo sie ihrerseits – seit dem späten 14. Jahrhundert – zu Protagonisten der griechischen Bildung wurden, die dann wiederum zur italienischen Renaissance ihren Beitrag leistete. Der spätere Kardinal Bessarion ist hier nur ein Beispiel von vielen.

Die Frage, ob die byzantinische Gesellschaft überhaupt je fähig gewesen wäre, ihre Fixierung auf die „eigene" klassische Vergangenheit zu überwinden, kann nicht mehr beantwortet werden. Sehr wahrscheinlich ist es nicht, und die türkische Eroberung von 1453 brachte mit dem byzantinischen Staat auch seine Gesellschaft und die von ihr getragene Kultur zu einem Ende. Die orthodoxe Kirche indes fand im russischen Zarenreich ihr neues Zentrum, das auch große Teile der byzantinischen Kaiseridee übernahm und als „Drittes Rom", wenn auch in einer ganz anderen Umprägung, in gewisser Weise Byzanz weiterführen sollte.

VIII. Fazit

Was macht nun das eigentlich Besondere von Byzanz aus? Was unterscheidet es von den anderen mittelalterlichen Staaten und gibt ihm sein spezifisches Gepräge?

Zum einen ist hier zweifellos die Dauer dieses Reiches zu nennen, des ältesten und langlebigsten des gesamten Mittelalters. Byzanz steht mit seinen Anfängen noch in der Antike, und seine letzten Jahre fallen schon in den Beginn der abendländischen Renaissance. Diese antike Herkunft aber, die in Byzanz die ganze Zeit hindurch sichtbar blieb, gab diesem Reich Komponenten, über die andere Staaten, wenn überhaupt, erst sehr viel später verfügten. Als Beispiel sei die hoch entwickelte Administration genannt, in der hauptamtliche, besoldete Funktionäre tätig waren, die vom Kaiser bzw. ihren Vorgesetzten ernannt, abgesetzt oder versetzt werden konnten, wie dies oft auch in regelmäßigen Abständen geschah. Im lateinischen Europa war Vergleichbares bis zum 13. Jahrhundert nicht existent. Als Friedrich II. eine solche Verwaltung in Unteritalien und Sizilien aufbaute – bezeichnenderweise auf ehemals byzantinischem Boden –, galt dies als herausragende Neuerung, und das normannisch-staufische Königreich wird heutzutage gern als modernster Staat des Mittelalters bezeichnet, obwohl es nur Dinge aufgriff, die in Byzanz sozusagen alltäglich gewesen sind.

Allerdings waren sie gerade nicht neu, sondern ein Erbe aus der Spätantike, ebenso wie Konstantinopel, die einzige wirkliche Großstadt des christlichen Mittelalters, und wie die, wenigstens im Vergleich zu den zeitgenössischen anderen, offene byzantinische Gesellschaft. Ein Aufstieg von unten oder auch von außen in die Oberschicht war im lateinischen Mittelalter fast unmöglich. In Byzanz war er gang und gäbe. Dies sind nur einige Beispiele.

So ergibt sich das Paradoxon, daß das byzantinische Reich Wesenszüge aufweist, die im Mittelalter geradezu fortschrittlich und vergleichsweise modern anmuten, und dies aus dem

genau gegenteiligen Grund: seinem Festhalten an seinen spätantiken Wurzeln.

Eine weitere Besonderheit sind die sich fast periodisch ab-
wechselnden Stärke- und Schwächeperioden. Wohl kein anderer Staat hat so oft vor dem Abgrund gestanden wie Byzanz,
das aber immer wieder auch Phasen von großem Wohlstand
und politischen Höhenflügen erlebte. Zum Teil ist dies sicher
darauf zurückzuführen, daß Byzanz in einer Region lag, die
immer wieder neue Völker anzog, sei es aus dem südrussi-
schen Raum (Germanen, Awaren, Bulgaren, Ungarn, Petschenegen, Kumanen, Mongolen), aus dem Orient (Perser, Araber,
Türken) oder auch aus dem Westen (Normannen, Kreuzfahrer, italienische Seestädte). Byzanz war in der Tat von Feinden
umgeben, mehr als alle anderen christlichen Staaten seiner
Zeit. Und hatte es den einen überwunden, so stand in der Regel der nächste schon bereit. Dies mag zu einem großen Teil
die Schwankungen der byzantinischen Geschichte erklären, zu
einem gewissen Teil waren sie aber auch hausgemacht: Das
byzantinische Regierungssystem kannte lange Zeit nur den
Kaiser und die hinter ihm stehende Zentralverwaltung, auf die
hin das ganze Reich ausgerichtet war. Eigene Machtzentren in
den Provinzen gab es erst seit dem 10. Jahrhundert, und frü-
hestens ab dem 12. Jahrundert wurden sie so stark, daß ein
Eigenleben auch ohne oder gar gegen die Hauptstadt möglich
erschien. Damit aber war das ganze Reich in einem hohen
Ausmaß von den Fähigkeiten und der Durchsetzungskraft der
einzelnen Kaiser abhängig.

Byzanz hat nie die Institution des Kaisertums an sich in
Frage gestellt, wohl aber die einzelnen Kaiser. Das Auswech-
seln eines als – aus welchem Grund auch immer – untauglich
empfundenen Kaisers ist häufig vorgekommen; es traf über
dreißig Prozent der Kaiser, und die Zahl an Usurpationsversuchen ist noch wesentlich höher gewesen. Bezeichnend ist
hierbei die Relation von Krise und Kaiserwechseln. Es scheint
geradezu eine Regel gewesen zu sein, daß die Autorität des
Kaisertums in Krisenzeiten rapide verfiel, so daß man fast den
Eindruck eines gewissen „Ausprobierens" gewinnt, das erst

dann ein Ende fand, wenn ein neuer, starker Kaiser sich durchsetzte und dann zumeist auch eine eigene Dynastie gründete. Man könnte behaupten, daß mit wenigen Ausnahmen die Dauer einer Herrschaft geradezu als Gradmesser für ihren Erfolg dienen kann.

Daß das Reich deutlich auf den Kaiser hin ausgerichtet war, gab diesem zwar per se einen größeren Einfluß, als ihn andere mittelalterliche Herrscher hatten, die wesentlich stärker in die jeweiligen feudalen Herrschaftsstrukturen eingebunden waren. Aber es bedeutet keineswegs, daß der byzantinische Kaiser ein reiner Selbstherrscher gewesen ist, der auf andere keine Rücksichten nehmen mußte. Das Gegenteil ist der Fall gewesen. Da er in der Regel über keine Hausmacht verfügte, war der Kaiser auf die von seinem Staat zur Verfügung gestellten Institutionen angewiesen. Und diese Institutionen – die das eigentlich Kontinuierliche sind – standen ihm zumeist relativ indifferent gegenüber. Hatte er Erfolg, wurde er akzeptiert, schien er aber schwach zu sein, war die Loyalität gering und konnte jederzeit in einen Usurpationsversuch oder in die Unterstützung eines solchen umschlagen. Das erklärt durchaus die Häufungen von Umsturzversuchen gerade in Krisenzeiten: Die neuen Amtsinhaber wurden gestürzt, ehe sie die Institutionen vollständig hinter sich gebracht hatten. Ein kluger Kaiser hatte diese Problematik stets im Auge, ein erfolgloser fiel ihr zumeist schon nach kurzer Zeit zum Opfer. Einige versuchten sogar, ihre Herrschaft durch Terror abzusichern, aber sie stürzten fast immer nach nur wenigen Jahren.

Dies galt insbesondere für Kaiser, die „von unten" kamen und nicht die „Ochsentour" durch die byzantinische Gesellschaft hinter sich gebracht hatten. In der Regel war der erfolgreiche Usurpator in Byzanz ein ranghoher Militär, der an der Spitze seiner Truppen oder zumindest von ihnen unterstützt den Sprung auf den Thron wagte. In einem solchen Fall fand er, selbst wenn er nicht aus der Oberschicht kam, doch eine gewisse Akzeptanz. Anders war es bei Kaisern ohne einen solchen Hintergrund, die sozusagen überraschend die Krone errangen. Gerade sie stießen oft auf härteren und hinhaltenden Widerstand, dem sie eigentlich ausnahmslos zum Opfer fielen. Zweifellos konnte man in Byzanz leichter als in anderen Staaten auf den Thron kommen, aber wenn man die Mechanismen von Machtausübung und Machterhalt nicht begriff, fiel man auch leichter!

Die Offenheit der byzantinischen Gesellschaft, die sowohl Ausländer als auch Leute „von unten" aufnahm und ihnen nicht selten Karrieren bis in die höchste Machtsphäre ermöglichte, war, wie schon erwähnt, gleichfalls ein Erbe der römischen Kaiserzeit. Sie hatte aber auch ihre Kehrseite: Da man keine formalisierten Zugangsbeschränkungen kannte, mußten andere Kategorien gefunden werden, mit denen man sich gegen Aufsteiger und Leute von außen abzusetzen in der Lage war. In Byzanz konnte das nicht Reichtum sein, auch nicht Tapferkeit oder sonstige militärischen Tugenden, alles das brachten ja auch die „Neuen" mit, wenn sie dem nicht sogar ihren Aufstieg verdankten.

Was diese *homines novi* allerdings naturgemäß nicht hatten, war die spezifische byzantinische Bildung, und dies war denn auch die eigentliche Schranke, die eben nicht von außen definiert werden konnte, sondern, gleichsam im Konsens, von der etablierten alten Oberschicht gesetzt wurde. Sicher konnte man auch ohne solche Kenntnisse aufsteigen, und außerhalb wird man sie oft genug bespöttelt haben, aber in der byzantinischen Gesellschaft akzeptiert wurde man ohne sie nicht.

Diese Bildung aber war – mit wenigen Ausnahmen – von traditionellen Wertvorstellungen bestimmt, die alle, wie schon in der Einleitung erwähnt, aus der Antike stammten und sich an einer Mischung von antikem Bildungsideal und christlichem Glauben ausrichteten, selbst da, wo beides miteinander in Widerspruch zu stehen schien. Das aber war nichts, was ein Außenstehender sich so ohne weiteres hätte aneignen können. Zumeist nahm dies mehrere Generationen in Anspruch und war insofern tatsächlich eine wirkungsvolle Schranke, mit der man sich von der als inferior empfundenen Außenwelt absetzen und seine eigene Überlegenheit unter Beweis stellen konnte. Es ist übrigens bezeichnend, daß nicht wenige „Aufsteigerfamilien", wenn sie denn endlich den ersehnten Status erreicht hatten, zu seinen eifrigsten Vertretern zählten und ihrerseits – bewußt oder nicht – bemüht waren, die Schranken möglichst hoch zu setzen.

So bietet die byzantinische Gesellschaft, besonders im Bereich der Oberschicht, ein Bild voller Widersprüche: Einerseits war sie erheblich offener als andere Gesellschaften etwa des lateinischen Mittelalters, andererseits war sie in starren Traditionen gefangen, die aber eben anderer Natur waren als die auf persönliche Gefolgschaft und dynastisch/familiäre Verbindungen ausgerichtete Welt des Abendlandes. Eine Gesellschaft, die zutiefst christlich war, aber in ihrer intellektuellen Ausrichtung „heidnische" Elemente beibehielt, deren Kenntnis sie als unerläßliche Probe für die Aufnahme aller Außenstehenden ansah. Eine Gesellschaft zudem, die auf die Konkurrenz und auf Angriffe von außen mit einer verstärkten Hinwendung zur eigenen Vergangenheit reagierte und Abweichungen nicht nur nicht tolerierte, sondern bisweilen sogar bis zur physischen Vernichtung der Abweichler bestrafte.

Aber auch der von dieser Gesellschaft dominierte Staat war von Widersprüchen geprägt: Es war ein Staat, der von seinen finanziellen Ressourcen, seiner Wirtschaftskraft und seiner hochentwickelten Organisation her weitaus stärker als die meisten anderen war, aber dennoch ständig in seiner Existenz bedroht blieb. Ein Staat, der fast jedes Jahrzehnt seiner Geschichte in irgendeinen Krieg verstrickt war und ihn doch eigentlich ablehnte, dessen Repräsentanten allen anderen gegenüber mit größter Arroganz auftraten, wobei man sich immer wieder fragt, ob diese Arroganz nun einem real vorhandenen Selbstbewußtsein oder nicht doch eher einer tief sitzenden Unsicherheit entsprang.

Daneben lebte die Bevölkerung dieses Staates zu weit mehr als 90 Prozent auf dem Land oder in vergleichsweise kleinen Städten, war aber voll und ganz auf eine einzige Großstadt – Konstantinopel – hin ausgerichtet, die sämtliche Standards – politische wie kulturelle – bestimmte, so daß wir eigentlich eher den Eindruck einer städtischen Gesellschaft erhalten, wie sie im ganzen Mittelalter sonst nicht vorkam – wohl aber in der Spätantike.

Auf der anderen Seite wurde diese Stadt, zumindest im politischen Bereich, immer wieder von „Landimporten" dominiert, die ihrerseits ihre, zumeist traditionellen, Anschauungen mitbrachten und – manchmal mit, manchmal ohne Erfolg – oft genug versuchten, sie der Hauptstadt aufzuzwingen.

Kurz: Für den Außenstehenden, und das heißt hier auch: Für modernen Betrachter, bietet Byzanz eine einzigartige Mischung von Erstarrung und Wechsel, von Macht und Schwäche, Überheblichkeit und Unsicherheit, ja Selbstzweifel und Selbstmitleid, wo höchster Triumph direkt neben der Drohung des völligen Untergangs stand. In diesen seinen Widersprüchen macht Byzanz tatsächlich einen wesentlich „moderneren" Eindruck als fast alle anderen christlichen Staaten des Mittelalters. Aber dies gilt eben nur im Vergleich mit seinen mittelalterlichen Nachbarn, tatsächlich war diese angebliche Modernität im Endeffekt ein Ergebnis des Fortlebens der spätantiken Strukturen und Traditionen, von denen das Reich, wenn auch in abnehmendem Maße, bis hin zu seinem Untergang 1453 geprägt wurde. Und diese spätantike Gesellschaft war nun einmal wesentlich gebrochener in ihrem Selbstverständnis und in ihrem Erscheinungsbild, als es die Welt des frühen und hohen Mittelalters war – eben mit der Ausnahme von Byzanz.

Nachwort

Als der Verlag C.H.Beck mit der Anfrage an mich herantrat, im Rahmen der Reihe Beck-Wissen auf maximal 128 Taschenbuchseiten eine Geschichte des Byzantinischen Reiches zu schreiben, hielt ich dies zunächst für unmöglich. Eine Änderung der Verlagskonzeption war jedoch trotz intensiver Diskussionen nicht durchsetzbar. Das hier vorliegende Manuskript ist daher in manchen Teilen ein Kompromiß zwischen den unterschiedlichen Vorstellungen von Verlag und Autor. Andererseits ist die Forschung unterdessen so weit fortgeschritten, daß es auch in einem Band von 500 und mehr Seiten unmöglich wäre, Byzanz in seinen ganzen Ausfächerungen adäquat darzustellen und gebührend zu analysieren. Ein Handbuch wie die „Geschichte des Byzantinischen Staates" von G. Ostrogorsky wäre heute kaum mehr vorstellbar. Ob es überhaupt sinnvoll wäre, ist eine andere Frage, die wir an dieser Stelle nicht erörtern müssen.

Die hier vorgelegte byzantinische Geschichte bietet daher eine durchaus subjektive Auswahl. Weite Bereiche mußten von vornherein ausgeklammert werden. So werden Kunst und Literatur so gut wie überhaupt nicht erwähnt, und die gesellschaftliche und kulturelle Entwicklung wird nur in den notwendigsten Ansätzen behandelt, ebenso wie die Kirchengeschichte.

Das Schwergewicht liegt also auf der politischen Geschichte. Auch hier wird der Kenner vieles vermissen und sich manch anderes ausführlicher und mit anderer Akzentsetzung wünschen. Das war nicht zu vermeiden. Der leitende Gedanke bei der Abfassung war der Versuch, die meines Erachtens wesentlichen Elemente der Geschichte des byzantinischen Staates und seiner Gesellschaft herauszuarbeiten und darüber hinaus die grundlegenden Entwicklungslinien aufzuzeigen, die das Schicksal von Byzanz bestimmten und ihm sein eigentliches Gepräge gaben, das es von den anderen mittelalterlichen Staaten unterschied. Daß hierbei in der gedrängten Kürze vieles folgerichtiger und logischer klingen mag, als es in der Realität gewesen ist, war unvermeidlich. Wenn es dennoch einigermaßen gelungen sein sollte, dem Leser ein Bild vom „Funktionieren" des byzantinischen Staates und der in ihm lebenden Bevölkerung zu vermitteln, so wäre dies ein schönes Ergebnis.

Nicht vergessen werden soll der Dank an diejenigen, die bei der Fertigstellung des Bandes mitgewirkt haben. Frau G. Seidensticker hat die beiden Karten gezeichnet, und Frau Dr. I. Rochow hat bei der Endkorrektur geholfen, während das Lektorat des Verlags C.H.Beck zahlreiche Vorschläge zur Verbesserung des ursprünglichen Textes beigesteuert hat. Besonders zu danken ist indessen Herrn J. Wilhelm für sein Mitwirken nicht nur bei der Grundkonzeption. Ihm sei der Band daher gewidmet.

Liste der byzantinischen Kaiser

(Grundlage G. Ostrogorsky, Geschichte des byzantinischen Staates)

324–337	Konstantin I.	811	Staurakios
337–361	Konstantios	811–813	Michael I.
361–363	Julian	813–820	Leon V.
363–364	Jovian	820–829	Michael II.
364–378	Valens	829–842	Theophilos
379–395	Theodosios I.	842–867	Michael III.
395–408	Arkadios	867–886	Basileios I.
408–450	Theodosios II.	886–912	Leon VI.
450–457	Markian	912–913	Alexander
457–474	Leon I.	913–959	Konstantin VII.
474	Leon II.	920–944	Romanos I.
474–491	Zenon		Lakapenos
475–476	Basiliskos	959–963	Romanos II.
491–518	Anastasios I.	963–969	Nikephoros II.
518–527	Justin I.		Phokas
527–565	Justinian I.	969–976	Johannes I.
565–578	Justin II.		Tzimiskes
578–582	Tiberios I.	976–1025	Basileios II.
582–602	Maurikios	1025–1028	Konstantin VIII.
602–610	Phokas	1028–1034	Romanos III.
610–641	Herakleios		Argyros
641	Konstantin III./	1034–1041	Michael IV.
	Heraklonas	1041–1042	Michael V.
641	Heraklonas	1042	Theodora/Zoe
641–668	Konstans II.	1042–1055	Konstantin IX.
668–685	Konstantin IV.		Monomachos
685–695	Justinian II.	1055–1056	Theodora
695–698	Leontios		(2. Amtszeit)
698–705	Tiberios II. Apsimar	1056–1057	Michael VI.
705–711	Justinian II.	1057–1059	Isaak I. Komnenos
	(2. Amtszeit)	1059–1067	Konstantin X. Dukas
711–713	Philippikos	1067–1071	Romanos IV.
713–715	Anastasios II.		Diogenes
715–717	Theodosios III.	1071–1078	Michael VII. Dukas
717–741	Leon III.	1078–1081	Nikephoros III.
741–775	Konstantin V.		Botaneiates
741–743	Artabasdos	1081–1118	Alexios I. Komnenos
775–780	Leon IV.	1118–1143	Johannes II.
780–797	Konstantin VI.		Komnenos
797–802	Eirene	1143–1180	Manuel I.
802–811	Nikephoros I.		Komnenos

1180–1183	Alexios II. Komnenos	1259–1282	Michael VIII. Palaiologos
1183–1185	Andronikos I. Komnenos	1282–1328	Andronikos II. Palaiologos
1185–1195	Isaak II. Angelos	1328–1341	Andronikos III. Palaiologos
1195–1203	Alexios III. Angelos	1341–1391	Johannes V. Palaiologos
1203–1204	Alexios IV. Angelos/Isaak II. (2. Amtszeit)	1347–1354	Johannes VI. Kantakuzenos
1204	Alexios V. Murtzuphlos	1376–1379	Andronikos IV. Palaiologos
1204–1222	Theodoros I. Laskaris	1390	Johannes VII. Palaiologos
1222–1254	Johannes III. Dukas Vatatzes	1391–1425	Manuel II. Palaiologos
1254–1258	Theodoros II. Laskaris	1425–1448	Johannes VIII. Palaiologos
1258–1261	Johannes IV. Laskaris	1449–1453	Konstantin XI. Palaiologos

Zeittafel

284–305	Diokletian.
–	Tetrarchie.
306–337	Konstantin I. (ab 324 allein).
306–363	Dynastie Konstantins.
311	Tolerierung des Christentums durch Galerius.
312	Sieg Konstantins an der Milvischen Brücke.
313	Gemeinsames Toleranzedikt Konstantins und Licinius'.
325	Konzil von Nikaia (Verurteilung des Arianismus).
326	Grundsteinlegung Konstantinopels, der neuen Reichshauptstadt.
330	Einweihung Konstantinopels.
361–363	Julian „Apostata"; vergeblicher Versuch, den Einfluß des Christentums wieder zurückzudrängen.
378	Niederlage bei Adrianopel gegen die Westgoten. Kaiser Valens fällt in der Schlacht.
379–395	Theodosios I.
395	Tod Theodosios' I. und Reichs„teilung" in ost- und weströmisches Reich.
410	Plünderung Roms durch die Westgoten unter Alarich.
nach 408–413	Erbauung der „theodosianischen" Mauer um Konstantinopel.
451	Konzil von Chalkedon (Verurteilung des Monophysitismus).
455	Plünderung Roms durch die Wandalen unter Geiserich.
–	Balkan von Germanen und Hunnen verwüstet. Eine zeitweilige Besserung tritt erst nach dem Abzug der Ostgoten nach Italien ein.
476	Absetzung des weströmischen Kaisers Romulus Augustulus durch den Heermeister Odoaker. „Offizielles" Ende Westroms.
488	Abzug der Ostgoten unter Theoderich nach Italien
518–602	Dynastie Justins I. und Justinians I. (unter Einschluß von adoptierten und angeheirateten Nachfolgern).
527–565	Justinian I.
529	Schließung der Athener Akademie durch Justinian I.
532	„Nikaaufstand" in Konstantinopel, der blutig unterdrückt wird.
–	Entstehung des Corpus Iuris, Neubau der Hagia Sophia.
533	Belisar erobert Karthago (die endgültige Unterwerfung Nordafrikas zieht sich bis in die 40er Jahre hin).
535–553	Krieg gegen die Ostgoten und Rückeroberung Italiens.

540	Eroberung Antiocheias durch die Perser. Tributfrieden zwischen Byzanz und Persien.
540er Jahre	Pest in Byzanz (führt zu einem weitgehenden Bevölkerungsrückgang auch in Konstantinopel).
nach 553	Rückeroberung Südspaniens.
ab 568	Einfall der Langobarden nach Italien und Verlust Norditaliens.
nach 565–591	Fast ununterbrochener Krieg mit Persien.
–	Zunehmender Druck von Awaren und Slawen auf die Balkangrenze.
584 und 586	Avarische und slawische Angriffe auf Thessalonike.
591	Friedensschluß mit Persien.
–	Erfolglose Feldzüge gegen Awaren und Slawen.
602–610	Phokas.
–	Neuausbruch des Krieges mit Persien, Verschlechterung der Lage auf dem Balkan.
610–641	Herakleios.
610–711	Herakleianische Dynastie.
610–620	Völliger Verlust der inneren Balkangebiete.
618–619	Die Perser erobern Syrien/Palästina und Ägypten.
622–629	Feldzüge des Herakleios gegen Persien. 629 Friede und Rückgewinnung der an die Perser verlorenen Gebiete.
626	Belagerung Konstantinopels durch Awaren, Slawen und Perser.
ab ca. 634	Erste arabische Einfälle nach Palästina.
636	Byzantinische Niederlage am Jarmuk gegen die Araber.
638	Eroberung Antiocheias und Jerusalems durch die Araber, endgültiger Verlust Syriens und Palästinas. Erlaß der „Ekthesis": Versuch einer Kompromißformel zwischen Orthodoxen und Monophysiten.
642	Verlust Ägyptens an die Araber.
ab 644	Fortgesetzte arabische Angriffe auf Kleinasien.
655	Großer arabischer Seesieg am Phönixvorgebirge. Ende der byzantinischen Vorherrschaft zur See.
674–678	Blockade Konstantinopels durch die Araber. Diese werden schließlich durch den erstmaligen Einsatz des „Griechischen Feuers" zurückgeworfen.
679–680	Einwanderung der Bulgaren in den östlichen Balkanraum und Sieg über Byzanz, das die bulgarische Festsetzung akzeptieren muß.
680–681	6. Ökumenisches Konzil in Konstantinopel (Verurteilung des Monotheletismus).
685–692	Aufgrund des Bürgerkriegs im Kalifat Frieden zwischen Arabern und Byzanz, das die Zeit zu Rückeroberungen im Balkanraum nutzt.

691–692	Synode (Quinisextum bzw. Trullanum) in Konstantinopel als Ergänzung zum 6. Ökumenischen Konzil (im Westen nur bedingt akzeptiert).
693	Byzantinische Niederlage gegen die Araber bei Sebastupolis. Wiederaufnahme der arabischen Angriffe.
698	Verlust des Exarchats Karthago in Nordafrika an die Araber.
–	Innerbyzantinische Bürgerkriege und Intensivierung der arabischen Angriffe auf Kleinasien.
717–741	Leon III.
717–802	„Syrische" bzw. „isaurische" Dynastie.
717–718	Belagerung Konstantinopels durch die Araber.
726	Seebeben bei Thera (Santorin): angeblicher Anlaß für die Hinwendung Leons III. zum Ikonoklasmus.
ca. 730–787	Erste Phase des Ikonoklasmus.
741–775	Konstantin V., Höhepunkt der ikonoklastischen Auseinandersetzungen. Byzantinische Erfolge gegen Araber und Bulgaren.
750	Ende der omaijadischen Dynastie. Unter den Abbasiden läßt der arabische Druck auf Byzanz nach.
754	Synode in Hiereia (Anerkennung des Ikonoklasmus).
787	7. Ökumenisches Konzil in Nikaia (Verurteilung des Ikonoklasmus als Häresie). Letztes allgemein als ökumenisch anerkanntes Konzil.
792	Schwere byzantinische Niederlage gegen die Bulgaren bei Markellai.
800	Kaiserkrönung Karls d. Großen in Rom.
802–811	Nikephoros I.
811	Schwere byzantinische Niederlage gegen die Bulgaren, bei der Nikephoros selbst fällt.
811–813	Michael I. Rhangabe.
813	Byzantinische Niederlage gegen die Bulgaren, Sturz Michaels I.
813–820	Leon V.
815	Synode in Konstantinopel, die sich für den Ikonoklasmus ausspricht.
815–843	Zweite Phase des Ikonoklasmus.
820	Sturz Leons V. durch Michael II.
820–867	„Amorische" Dynastie.
ca. 821–823	Aufstand Thomas' des „Slawen".
ab ca. 824	Arabische Eroberung Kretas.
–	Beginn der arabischen Eroberung Siziliens.
850er Jahre	Bekehrung der Bulgaren.
860	Warägischer Angriff auf Konstantinopel.
867	Sturz Michaels III. durch Basileios I.

867–1056	„Makedonische" Dynastie.
Anfang 10. Jh.	Endgültiger Verlust Siziliens an die Araber.
–	Bulgarische Expansion unter dem Zaren Symeon.
–	Allmähliches byzantinisches Übergewicht in Kleinasien, Beginn der „Reconquista" nach Osten.
960–961	Rückeroberung Kretas.
963–969	Nikephoros II. Phokas: Verstärkte byzantinische Offensive in Kleinasien und Syrien.
969–976	Johannes I. Tzimiskes: Fortsetzung der Offensive im Osten, erfolgreiche Abwehr eines warägo-russischen Angriffs und Unterwerfung Bulgariens.
976–1025	Basileios II.: Nach anfänglichen Bürgerkriegen und der erneuten Unabhängigkeit Bulgariens Weiterführung der Expansion im Osten, erneute Unterwerfung Bulgariens (bis 1014) und Konsolidierung der byzantinischen Position auf dem Balkan, in Unteritalien und in Kleinasien. „Höhepunkt" der mittelbyzantinischen Machtentfaltung.
1054	Schisma zwischen Rom und Konstantinopel.
ab 50er Jahre	Expansion der Normannen in Unteritalien und der Seldschuken in Ostkleinasien.
1071	Niederlage bei Mantzikert gegen die Seldschuken. Verlust Baris an die Normannen.
70er Jahre	Weitgehender Verlust fast ganz Kleinasiens an die Seldschuken und Vordringen der Petschenegen auf dem Balkan.
1081–1118	Alexios I. Komnenos.
1081–1185	„Komnenische" Dynastie.
1081–1085	Normannischer Angriff auf die byzantinischen Balkanprovinzen.
1082/1084	Privilegien für Venedig.
1091	Belagerung Konstantinopels durch Petschenegen und Seldschuken. Sieg über die Petschenegen bei Levunion.
1096–1099	Erster Kreuzzug. Entstehung der Kreuzfahrerstaaten in Syrien und Palästina.
1108	Sieg über die Normannen Bohemunds, Vertrag von Devol.
1111	Erstes Privileg für Pisa.
nach 1118	Erste Auseinandersetzungen mit Venedig.
30er Jahre	Bündnis mit dem Deutschen Reich gegen die unteritalienischen Normannen.
1138/39 und 1142/43	Byzantinische Angriffe auf das Kreuzfahrerfürstentum Antiocheia.
1143–1180	Manuel I. Komnenos.
1146–1148	Zweiter Kreuzzug.

1153	Vertrag von Konstanz zwischen Friedrich I. Barbarossa und dem Papst gegen Byzanz.
1155–1156	Erfolgloses byzantinisches Ausgreifen nach Italien.
1155/1157	Byzantinische Verhandlungen mit Genua.
1158–1159	Byzantinischer Vorstoß gegen Antiocheia.
60er Jahre	Byzanz unterstützt die italienischen Gegenspieler der Deutschen.
—	Byzanz setzt sich auf dem Balkan gegen Ungarn und Serben durch.
60er und 70er Jahre	Byzantinische Präponderanz in den Kreuzfahrerstaaten.
1169/1170	Verträge mit Genua und Pisa.
1171	Byzantinisches Vorgehen gegen die Venezianer in der Romania.
1175/1176	Manuel regt einen gemeinsamen Kreuzzug zugunsten der Kreuzfahrerstaaten an.
1176	Byzantinische Niederlage gegen die Seldschuken bei Myriokephalon.
1180	Tod Manuels, antilateinischer Kurs in Konstantinopel.
1182	Im Zuge innerbyzantinischer Auseinandersetzungen Massaker an Genuesen und Pisanern in Konstantinopel; Bruch zwischen Byzanz und Genua/Pisa.
1182–1185	Andronikos I. Komnenos.
1185	Eroberung und Plünderung Thessalonikes durch die Normannen; Sturz des Andronikos.
1185–1204	Dynastie der Angeloi.
ab 1186	Aufstand in Bulgarien und Entstehung des zweiten bulgarischen Reiches.
1187	Niederlage der Kreuzritter gegen Saladin bei Hattin, Verlust Jerusalems.
1189–1192	Dritter Kreuzzug.
–	Endgültiger Verlust Zyperns. Im Reichsgebiet zahlreiche Aufstände und Abspaltungen einzelner Provinzen. Ökonomischer Niedergang im ganzen Reichsgebiet.
1187	Vertrag mit Venedig.
1192	Verträge mit Genua und Pisa.
1203–1204	Vierter Kreuzzug: Eroberung Konstantinopels durch Venezianer und Kreuzfahrer; Errichtung lateinischer Staaten auf dem Gebiet der Romania.
1204–1261	Lateinisches Kaiserreich.
1204/1205	Errichtung byzantinischer „Exilreiche" in Epiros und Nikaia.
1204–1261	Laskaridendynastie in Nikaia.
1259–1282	Michael VIII. Palaiologos.
1259–1453	Palaiologendynastie.

1259	Sieg Michaels über die mit Epiros verbündeten Franken bei Pelagonia.
1261	Vertrag von Nymphaion mit Genua. Rückgewinnung Konstantinopels.
—	Byzanz faßt auf der Peloponnes wieder Fuß.
1274	Union auf dem Konzil in Lyon, die aber in Byzanz nicht durchgesetzt werden kann.
1282	„Sizilianische Vesper"; Scheitern des geplanten Angriffs aus dem Westen auf Byzanz.
1282–1328	Andronikos II. Palaiologos. Eminenter Machtrückgang des Kaisertums in Byzanz und Verlust der meisten Gebiete Kleinasiens an die Seldschuken/Osmanen (1327: Bursa; 1331: Nikaia; 1337: Nikomedeia).
40er Jahre	Höhepunkt der serbischen Machtentfaltung unter Stephan Dušan. Bürgerkrieg in Byzanz.
1347–1354	Johannes VI. Kantakuzenos.
ab 1354	Fußfassen der Osmanen auf dem Balkan.
1369	Eroberung Adrianopels durch die Osmanen.
1371	Osmanischer Sieg über die Serben.
1388	Bulgarien wird den Osmanen tributpflichtig.
1389	Osmanischer Sieg über die Serben auf dem Amselfeld (Kosovo Polje).
1396	Osmanischer Sieg über ein abendländisches Kreuzfahrerheer bei Nikopolis.
—	Belagerung Konstantinopels durch den osmanischen Sultan Bajezid.
1402	Bajezid unterliegt bei Ankara Timur Lenk.
1430	Endgültiger Verlust Thessalonikes an die Osmanen.
1438/39	Persönliche Anerkennung des päpstlichen Primats durch Kaiser Johannes VIII. auf dem Konzil in Ferrara-Florenz; die Union kann aber in Byzanz nicht durchgesetzt werden.
1444	Osmanischer Sieg über ein Kreuzfahrerheer bei Varna.
1452	Weiterer erfolgloser Unionsversuch.
29. 5. 1453	Eroberung Konstantinopels durch die Osmanen.
1460	Fall von Mistras.
1461	Fall von Trapezunt.

Glossar

Arianer Christliche Richtung, die in Christus nur den Menschen, aber nicht Gott sah. Als Häresie verboten auf dem Konzil von Nikaia 325.

Basileus Seit dem 7. Jahrhundert geläufige Bezeichnung des Kaisers in Byzanz, im offiziellen Gebrauch oft zusammen mit anderen Titeln, wie z. B. Autokrator, Moderator u. a.

Demen Ursprünglich „Fanclubs" bei den Wagenrennen im Zirkus; später erlangten sie zeitweilig auch politische Bedeutung, ohne allerdings je zu Parteien im modernen Sinn zu werden.

Despotes Hoher byzantinischer Titel, im allgemeinen Mitgliedern des Herrscherhauses vorbehalten. In Spätbyzanz auch die Bezeichnung für den Statthalter bzw. Herrscher eines mehr oder weniger von der Zentralregierung unabhängigen Gebietes (z. B. der „Despotate" Epiros oder Mistras).

Diözese Verwaltungsbezirk im spätantiken römischen Reich, der mehrere Provinzen umfaßte. Mit der kirchlichen Provinz, die Eparchie genannt wird, hat die Diözese nichts zu tun.

Donatisten Rigoristische christliche Sekte vor allem in Nordafrika, die die Gültigkeit der von „Überläufern" (vor allem während der Christenverfolgungen) gespendeten Sakramente anzweifelte. Trotz Verurteilung und Verfolgung hielt sie sich bis zum Einbruch des Islam.

Eunuchen Entmannte, die in der byzantinischen Hierarchie bis auf das Kaisertum alle weltlichen und geistlichen Ämter besetzen konnten. Daneben gab es eine Reihe von Ämtern, die ausschließlich Eunuchen offenstanden.

Föderaten Vor allem in der Spätantike geschlossene ausländische Verbände, die zusammen mit ihren Angehörigen in bestimmten (meist Grenz-)provinzen angesiedelt wurden und dafür Kriegsdienst leisteten.

Griechisches Feuer Chemische Substanz, die auch auf dem Wasser brennt und von den Byzantinern im Kampf, vor allem zur See, eingesetzt wurde. Ihre Herstellung und Zusammensetzung unterlag strenger Geheimhaltung

Hesychasten Mystiker, vor allem unter den Mönchen, die sich durch bestimmte asketische und meditative Übungen in einen Zustand versetzten, in dem sie das göttliche Licht bei der Verklärung Jesu zu sehen glaubten.

Ikonoklasten Vertreter einer religiösen Richtung, die den Gebrauch und die Verehrung religiöser Bilder (Ikonen) in der Kirche ablehnte. Auf dem Konzil von Nikaia 787 und noch einmal auf einer Synode 843 als Häresie verurteilt.

Illyricum Prätorianerpräfektur*, die mit Ausnahme Thrakiens den Balkanraum umfaßte. Aufgrund der Einfälle der Slawen und Awaren ging sie im Laufe des 7. Jahrhunderts unter.

Mächtige ("dynatoi") Angehörige der byzantinischen Oberschicht.

Magister militum Oberbefehlshaber in der spätantiken Armee. Verschwindet nach dem 6. Jahrhundert.

Magister officiorum U. a. Leiter der Zentralverwaltung, "Außenminister" und Befehlshaber der Leibgarde, allerdings ohne finanzielle Zuständigkeiten. Seine Befugnisse wurden in der mittelbyzantinischen Zeit auf eine Reihe kleinerer Ressorts verteilt.

Mimesis "Nachahmung". Bemühen um eine möglichst starke Angleichung an die zumeist antiken Vorbilder, hauptsächlich in der byzantinischen Literatur der "Hochsprache" (s. auch Zweisprachigkeit*).

Monophysiten Lehnten die zwei Naturen Christi ab und vertraten die Auffassung, daß in Christus nach der Inkarnation die göttliche Seite die menschliche praktisch vollständig in sich aufgesogen habe. Diese Lehre wurde auf dem Konzil von Chalkedon 451 als Häresie verurteilt, konnte aber bis zur arabischen Eroberung Syriens und Ägyptens, wo sie besonders stark war, nicht unterdrückt werden.

Monotheleten Sie hielten die Frage nach den zwei Naturen für irrelevant, da beide in jedem Fall nach einem gemeinsamen Willen handelten. Kompromiß zwischen "Orthodoxen" und Monophysiten, der auf dem Konzil von 680/81 als Häresie verworfen wurde.

Nomisma Byzantinische Goldmünze, eingeführt unter Konstantin I. Ihr lange Zeit stabiler Goldgehalt betrug knapp 4,5 Gramm, wurde aber ab etwa dem 11. Jahrhundert immer geringer.

Oriens Praetorianerpräfektur*, die Ägypten, Syrien, Kleinasien und Thrakien umfaßte, aber nach der arabischen Eroberung Syriens und Ägyptens unterging.

Parakoimomenos Hohes und besonders durch seine Nähe zum Kaiser einflußreiches Amt ("Hüter des kaiserlichen Schlafgemachs"), das im allgemeinen Eunuchen vorbehalten war.

Patriarch von Konstantinopel Oberhaupt der byzantinischen Kirche. Neben ihm gab es die Patriarchate von Alexandreia, Antiocheia und Jerusalem. Der Papst galt als "Patriarch des Westens", dessen Vorrang man nur ungern, wenn überhaupt, anerkannte. An diesem Problem scheiterten regelmäßig die Unionsversuche nach 1054.

Praefectus praetorio Während der römischen Kaiserzeit zunächst Befehlshaber der kaiserlichen Garde. Seit Konstantin I. höchster Zivilbeamter mit besonderer Zuständigkeit für die Steuereinziehung und das Rechtswesen.

Prätorianerpräfektur Seit Konstantin I. höchste Verwaltungseinheit. Insgesamt gab es (mit leichter Variation) in der Spätantike vier P., die jeweils von einen Praefectus praetorio* geleitet wurden: Gallien (mit Spanien und Britannien), Italien und Afrika, Illyricum* und Oriens*.

Pronoia Ab dem 12. Jahrhundert Vergabe von Land und dort lebenden Bauern bzw. durch diese erzielte Einkünfte, für die der Empfänger

(Pronoiar) Kriegsdienst leisten mußte. Zunächst nur auf begrenzte Zeit, wurde die Pr. später auf Lebenszeit verliehen und erblich.

Quaestor Als *quaestor sacri palatii* seit Konstantin I. Leiter des Justizwesens. In Mittelbyzanz war der Quaestor nur noch Vorsitzender eines Gerichts. Später lediglich Hofrang ohne tatsächliche Funktion.

Romania Bezeichnung für das Gebiet des byzantinischen Reiches bei den Byzantinern; später abgewandelt auch von anderen übernommen. So wurde z.B. das von den Seldschuken in Kleinasien errichtete Sultanat auch als Sultanat von Rum bezeichnet.

Soldatenbauern In der mittelbyzantinischen Zeit Soldaten, die Landbesitz hatten und selbst bewirtschafteten, aber zugleich Kriegsdienst leisten mußten. Eine formelle Verbindung von Landbesitz und Kriegsdienst ist allerdings erst ab dem 10. Jahrhundert nachweisbar. Aus ihnen setzte sich der Großteil der Truppen eines Themas* zusammen.

Strategos Gouverneur eines Themas* und zugleich Kommandant der dort stationierten Truppen. Auch einfach: General.

Themen Die Provinzen, vor allem in der mittelbyzantinischen Zeit. Ihr wesentliches Merkmal war die Verbindung von Zivil- und Militärverwaltung. An der Spitze eines Themas stand im allgemeinen ein Strategos*.

Zweisprachigkeit (Diglossie) In Byzanz die gleichzeitige Existenz einer vorwiegend schriftlichen bzw. von den „Gebildeten" benutzten und an den antiken Vorbildern orientierten Schriftsprache und einer „einfacheren" „Volkssprache" für den alltäglichen Gebrauch (s. auch Mimesis*).

Literatur

Bei dem Umfang des in diesem Buch behandelten Themas ist eine auch nur ansatzweise umfassende Bibliographie unmöglich. Es seien daher nur einige weiterführende Arbeiten genannt, die der interessierte Leser ohne größere Schwierigkeiten erreichen kann.

Über die geographischen Verhältnisse informiert kurz, aber ausreichend Johannes Koder, Der Lebensraum der Byzantiner. Historisch-geographischer Abriß ihres mittelalterlichen Staates im östlichen Mittelmeerraum. (Byzantinische Geschichtsschreiber. Ergänzungsband 1) Graz-Wien-Köln 1984.

Zur politischen Geschichte fehlt eine überzeugende neuere Gesamtdarstellung. Das alte Handbuch von G. Ostrogorsky, Geschichte des byzantinischen Staates. (Byzantinisches Handbuch 1. 2) München 1963, das in erster Auflage 1940 erschienen und zuletzt 1963 überarbeitet worden ist, bietet bei aller Lesbarkeit keinen verläßlichen Leitfaden mehr. Einen gewissen Ersatz bietet P. Schreiner, Byzanz. (Oldenbourg Grundriß der Geschichte 22) München 1992², wo neben einer kurzen Gesamtdarstellung der politischen Geschichte auch eine Zusammenfassung der wichtigsten Forschungstrends der neueren Forschung erarbeitet worden ist. Einen Überblick über die Institution des Kaisertums wie auch speziell über die Beziehungen zwischen Byzanz und dem Abendland gibt R.-J. Lilie, Byzanz. Kaiser und Reich. (Böhlau – Grundlagen des Studiums) Köln-Wien 1994.

Für die Kirchengeschichte zu empfehlen ist H.-G. Beck, Geschichte der orthodoxen Kirche im byzantinischen Reich. (Die Kirche in ihrer Geschichte) Göttingen 1980.

Über das literarische Schaffen der Byzantiner informieren H.-G. Beck, Geschichte der byzantinischen Volksliteratur. (Byzantinisches Handbuch 2. 3) München: 1971, sowie H. Hunger, Die hochsprachliche profane Literatur der Byzantiner. (Byzantinisches Handbuch 5. 1) München 1978. Speziell zu den Geschichtsquellen cf. die Quellenkunde von J. Karayannopoulos und G. Weiß, Quellenkunde zur Geschichte von Byzanz (324–1453). Wiesbaden 1982.

Neben diesen Arbeiten ist vor allem auf die fortlaufende Fachbibliographie in der „Byzantinischen Zeitschrift" (Stuttgart-Leipzig) hinzuweisen, die Jahr für Jahr die neu erscheinende Literatur zu Byzanz und den damit verbundenen Problemkreisen verzeichnet.

Personenverzeichnis

(Abkürzungen: dt./deutsch, Jh./Jahrhundert, Kg./König, Kpl./ Konstantinopel,
Ks./Kaiser, norm./normannisch, Patr./Patriarch; röm./römisch, v./von)